MY
JOB
나의 직업

CONTENTS

Part One

History

Part Two

Who & What

Part Three

Get a Job

Part Four

Reference

사도헌장

오늘의 교육은 개인의 성장과 사회의 발전과 내일의 국운을 좌우한다.
우리는 국민 교육의 수임자로서 존경받는 스승이요, 신뢰받는
선도자임을 자각한다.
이에 긍지와 사명을 새로이 명심하고 스승의 길을 밝힌다.

■ 우리는 제자를 사랑하고 개성을 존중하며 한마음 한뜻으로 명랑한
학풍을 조성한다.

■ 우리는 폭넓은 교양과 부단한 연찬(研鑽)으로 교직의 전문성을
높여 국민의 사표(師表)가 된다.

■ 우리는 원대하고 치밀한 교육 개혁의 수립과 성실한 실천으로 맡은
바 책임을 완수한다.

■ 우리는 서로 협동하여 교육의 자주 혁신과 교육자의 지위 향상에
적극 노력한다.

■ 우리는 가정교육·사회교육과의 유대를 강화하여 복지국가 건설에
공헌한다.

선생님이란 직업

세상에는 수천, 수만 가지의 직업이 있다.
어느 것 하나 의미 없는 직업은 없겠지만
선생님이란 직업만큼 되새겨 볼수록
그 깊이가 깊은 직업도 흔하지는 않은 것 같다.

오늘날 세상 사람들이 선생님을
경제적 안정과 시간적 여유라는 이유 때문에
그냥 괜찮은 사회적 직업으로만 생각할 뿐
별다른 의의를 부여하지 않는다 하더라도
세상을 가꾸어 오고 가꾸어 가는
선생님들 본연의 모습은 달라지지 않을 것이다.
어떤 이유 때문에 또는 어떤 목적을 가지고
선생님이 되었든 간에 선생님은 선생님으로 살아간다.

황무지를 일구어 곡식을 키우는 농부와 같이,
진흙을 빚어 그릇을 만들어내는 도공과 같이,
설익은 마음을 사랑으로 감싸안아
미래를 살아가는 밝고 희망찬 인간을 다듬어 낸다.
세상이 아무리 바뀌었다 하더라도,
우리가 지향하는 삶의 가치가 달라졌다 하더라도
선생님이란 이름이 가지는 사회적 의의와 역할은 변함이 없을 것이다.

세상으로 나아가는 모든 이들에게
시냇물의 징검다리와 같고 대장간의 풀무와 망치와 같은 선생님은
현대 사회를 살아가는 우리들에게 직업 이상의 의미를 생각하게 한다.

Part One

History

교육의 중요성

　인간은 태어나면서부터 매 순간 끊임없이 교육을 받게 된다.
먹고 입는 기본 생존에 관한 것부터 타인과 의사소통을 하고
자아실현을 하고 인격을 길러주는 많은 것들을 배우면서 사회의
구성원으로 성장하게 된다. 여기서 '교육(敎育)'은 '가르칠 교(敎)'
자와 '기를 육(育)' 자를 합친 말로, 가르쳐서 갈고 닦아
성장시킨다는 뜻이다. 즉, 사람이 살아가는 데 필요한 지식과
기술 등을 가르치고 인격을 길러주는 모든 활동과 과정을
교육이라 한다.

　교육의 목적은 인간의 호기심을 충족시키고 자아를
실현시키는 데도 있지만, 개인이 사회라는 테두리 안에서
안전하고 편안한 생활을 하기 위함도 있다. 따라서 우리는 자유와

평등, 기본권을 지키며 질서 또는 법이라는 사회적 약속 안에서
모두 함께 잘 살아가는 법을 교육을 통해 배우게 된다. 이러한
교육을 받지 못한다면 사회의 구성원으로서 잘 적응하지 못하고
법이라는 기준에 따라 처벌을 받는 일도 생길 수 있을 것이다.
그렇다면 이런 교육은 어떤 방법으로 받게 되는가?

　우리는 일정한 나이가 되면 부모와 가정의 품에서 벗어나
교육을 목적으로 한 학교라는 단체에 속하게 된다. 그곳에서
'선생'이라는 사람들을 통해 교육을 받게 된다. '선생(先生)'이라는
단어를 백과사전에서 찾아보면, 본래 일찍부터 도를 깨달은 자,
덕업(德業)이 있는 자, 성현의 도를 전하고 학업을 가르쳐주며
의혹을 풀어주는 자, 국왕이 자문할 수 있을 만큼 학식을 가진 자
등을 칭하는 용어라고 정의되어 있다. 선생은 단지 지식을
전달하는 사람이 아닌 도와 덕업을 전수하며 인격을 길러주는
사람으로 인간이 내면적으로 지니고 있는 천성, 곧 타고난 소질과
성품을 보호, 육성하는 과정을 도와주고 이끌어주는 사람이다.
선생, 즉 교사는 인간을 사회의 구성원으로서 그 역할과 의무를
다 할 수 있도록 만들어주는 대단한 존재인 것이다.

　교사가 없다면 지금처럼 효율적으로 교육을 받을 방법은 없을
것이다. 아무리 기술이 발전했다고 하더라도 컴퓨터나 다른
매체를 이용한 지식 교육은 가능하지만 인성 교육은 불가능하기
때문이다. 이는 인간 대 인간으로서 교사만이 할 수 있는 일이다.
그러므로 바른 인성 교육을 위한 윤리 의식이 투철해야 하는
직업이 바로 교사이다.

　교사는 윤리적으로 미성숙한 학생들이 기대에 못 미친다고
해서 정신적·육체적으로 벌을 주어선 안 되며, 자칫하면
획일화되기 쉬운 학교 교육에서 학생 개개인의 개성을
발전시키고 북돋아주는 데 관심을 가져야 한다. 또한 모든 자식을
공평하게 사랑하는 부모의 마음처럼 학생들을 편애하지 않아야
한다. 성적이나 용모, 학부형의 정치적·경제적·사회적 지위에

따라 학생을 차별해서도 안 된다.

　이처럼 교사는 지식 전달뿐 아니라 인간과 사회에 대한 윤리적 책임 의식을 가지고 참되고 바른 지식을 교육하기 위해 노력해야한다. 교육은 한 사람의 일생을 좌우하고, 나아가서는 사회와 국가의 발전에 기본 틀이 되므로, 교사라는 직업은 단순한 직업 그 이상의 의미를 가진 위대하고 고귀한 것이라고 할 수 있다.

교육과정과 학교교육

교육과정이란 일반적으로 교육목표에 따라 학문을 체계적으로 교육하기 위해 만든 계획을 말한다. 교사가 교육목표를 달성하기 위하여 계획하고 실행하고 나아가 평가와 통제하는 일련의 모든 과정이 교육과정이라 할 수 있는데, 이 과정 속에서 교사는 학생들에게 가르쳐야 할 수많은 내용 중에서 무엇을, 어떻게, 왜 가르쳐야 하는지를 파악하고 분석하고 연구한다.

학교는 교육과정을 중심으로 움직이기에 교육과정은 학교교육의 핵심이다. 따라서 교사가 가르치는 내용이나 학생이 학교에서 경험하는 모든 것들이 교육과정과 관련된 일이라고 할 수 있다. 교사가 자신의 전공교과를 가르치는 것은 단순히 교과서를 가르치는 것이 아니라 교과의 교육과정을 가르치는 것이다.

과거의 교과서 중심 시대에서 이제는 교육과정이 더욱 중시되는 시대로 변화하고 있다. 교육과정의 개념은 지식, 인간, 자연, 환경, 문화 등을 보는 관점에 따라 다양하며 학자들에 따라 분류하는 방법도 각기 다르다. 학교에서 이루어지는 교육과정은 법규에 근거하여 마련되고 실천되는데, 우리나라의 경우 초·중등학교 교육은 '교육기본법'과 '초·중등교육법'에 따라 운영하도록 규정되어 있다. 현재 우리나라의 국가수준 교육과정에서 규정하고 있는 교육과정 구성 체계는 성격, 목표, 내용, 교수·학습, 평가 등 다섯 가지로 볼 수 있으며, 이 다섯 가지 구성 체계가 교과를 편성할 때 제대로 포함되어 있는지를 살펴봐야 한다.

우리나라의 초·중등교육법 제23조에는 "교육부 장관은 교육과정의 기준과 내용에 관한 기본적인 사항을 정하며, 학교는 교육과정을 운영하여야 한다."고 명시되어 있다. 교육과정은 단순히 교과서 내용이나 교육내용에 제한된 것이 아니라 교사가 학생들에게 무엇을 어떤 방법으로 가르칠 것인가의 기본적인 질문에서 시작해 학생들에게 제공할 학습경험을 선정하고 조직해 실행, 평가하고 더 나은 방법을 찾아 개선하는 실천적인 행위를 말한다. 이러한 교육과정을 통해 교사는 스스로의 능력을 발전시키고 교육과정의 다양화 및 학교 자율성의 확대를 실현할 수 있다.

동서양 교육의 차이

동양과 서양의 교육은 그 환경과 문화의 차이로 인한 철학과 세계관에 따라 큰 차이점이 있다.

동양에서의 교육이란, 그 어원을 살펴보면 맹자(孟子)의 '得天下英才而敎育之(천하의 영재를 모아 교육하다)'라는 글에서 비롯되었다고 한다. '敎育'이란 한자를 구성면에서 보면 '敎'는 매를 가지고 아이를 길들인다는 뜻이고, '育'은 갓 태어난 아이를 살찌게 한다는 뜻으로 기른다는 의미가 된다. 동양에서의 교육은 인간의 마음속에는 우주의 궁극적인 진리가 들어있고 이것을 교육으로 인해 깨닫게 되는 것이라고 본다. 또한 교사는 깨달음의 목적으로 간주된다. 스승이 교육의 가장 큰 요소이자 목표로 스승처럼 되기 위해 노력하는 것이 배움을 얻는 학생의 목적이 된다. 그러므로 동양에서 교육의 시작은 스승의 존경으로 시작해 마지막은 곧 자신이 스승이 되는 것이다. 스승, 즉 교사는 늘 존경하고 따라야 하는 존재인 것이다.

그렇다면 서양에서의 교육이란 무엇일까? 영어의 'education', 독일어의 'Erziehung', 프랑스어의 'éducation'은 모두 라틴어의 'educatio'에서 유래한 것으로, '빼낸다'는 뜻과 '끌어올린다'는 뜻을 가지고 있다. 내부적 능력을 개발시키고 미숙한 상태를 성숙하게 만든다는 의미를 포함하고 있다. 사람이 가지고 태어난 재능과 소질을 교육을 통해 다양한 방향으로 완성하는 것이 서양에서 말하는 교육이다. 교육의 내용을 중시하는 서양의 교육관에서는 반복된 경험을 통한 학습도 중시한다. 누가 가르치느냐보다 어떤 교육을 받느냐가 중요한 것이다. 서양의 교사는 동양처럼 절대적인 존재라기보다는, 학생이 자신의 재능을 충분하게 발휘할 수 있도록 밖으로 끌어내어주는 조력자 정도로 보고 있다.

동서양 교육은 방식에도 큰 차이를 보인다. 동양에서는 충분히 생각하고 말하는 차분하고 조용한 학습을 장려했다면, 서양에서는 꾸준한 토론으로 활발하게 자기 의견을 표현하도록 했다. 동양에서는 자기주장이 강하고 말이 많으면 주위가 산만하다거나 고집이 세다고 나쁜 평가를 했고, 반대로 서양에서는 지나치게 말수가 없고 조용하면 발표력이 떨어지는 소극적인 학생으로 여겼다. 수업을 조용히 듣고 생각하며 익히는 동양의 수업방식과 발표와 토론으로 진행되는 서양의 수업방식의 차이를 확연히 알 수 있다.

홀륭한 교사가 되기 위해서는 동서양의 교육관을 종합적으로 이해하는 것이 필요하다.

교사였던 위인들과 유명인사

우리가 알고 있는 위인이나 유명인사 중에도 교사출신이 많다. 독일의 천재 물리학자 아인슈타인은 독일에서 태어나 스위스에서 살다가 미국에서 생을 마감하였는데 스위스에서 수학과 물리학 교사로 일했던 적이 있다. 곤충학의 대가 앙리파브르는 16세에 사범대학에 수석으로 입학하고 2년만에 조기 졸업해 중학교 교사가 되기도 했다. 백범 김구선생도 독립운동을 하기 전 황해도의 냥산학교에서 교사로 있었고 미국 대통령이였던 존 아담스 또한 교사였다. 베스트 소설 작가 중에도 교사 출신이 있는데 공포소설의 거장 스티븐 킹은 고등학교 영어교사였고 해리포터 시리즈를 쓴 조앤 K.롤링 포르투갈에서 영어교사로 일한 적이 있다. 영국 팝가수 스팅은 초등학교 교사로, 캐나다출신 앤 머레이도 체육교사 출신이다.

교사를 보는 관점

교직관이라는 말을 아는가? 교직관은 쉽게 말해 교직을 보는
관점을 말한다. 교직의 존재 가치, 의미, 목적 등에 대해 사람들이
어떻게 생각하느냐에 대한 관점을 이야기하는 것으로, 이 관점에
따라 교사의 기본자세와 의식, 태도가 달라지며 교사를 대하는
사람들의 인식 또한 달라지기 때문에 중요한 것이라 할 수 있다.

교직관은 시대, 국가, 사회에 따라 다르다. 우리나라에서는
1945년 해방 이전에는 전통적인 교직관이라 할 수 있는 성직관이
지배적이었으나 이후에는 변화가 생겼다. 교사를 신성한 존재로
여기던 기존의 성직관에서 전문지식을 갖춘 봉사자로 보는
관점이 커졌다. 교직관은 크게 성직으로서의 관점,
노동직으로서의 관점, 전문직으로서의 관점, 공직으로서의 관점
등으로 나눠볼 수 있는데, 관점별로 좀 더 자세히 살펴보도록
하자.

〈성직으로서의 관점〉

성직으로서의 관점은 교직을 하늘이 내린 신성한 직업이라고
보는 것이다. 사제나 승려처럼 세속적인 직업과 거리가 먼 것으로
생각하는 것인데, 이는 학생의 인격적인 성장을 책임지는
직업으로 고도의 정신적인 봉사가 필요하다고 보기 때문이다.
그리고 그만큼의 존경과 존중이 뒤따르는 직업이기 때문이기도
하다.

성직관은 주로 전통적인 교육환경에서 교사를 바라보던
관점이며, 여기에는 순교사상과 청빈사상이 녹아있다.
순교사상은 교직을 천직으로 보아야 하며, 따라서 하늘이 내린
교직을 버리고 이직을 하는 것을 허용하지 않는 것을 말한다.
청빈사상은 교직을 정신적인 봉사활동을 하는 직업으로 보고,
따라서 돈, 명예, 권력처럼 세속적인 것을 멀리해야 하는 것을
말한다.

이러한 전통적인 관점은 시대의 변화와 함께 그 한계를 드러내고 비난을 받기도 했다. 교사를 성직자로 보는 관점이 교사로 하여금 인간적인 요구를 억제하고, 설령 보수가 적더라도 윤리·도덕적인 이상만을 추구하며 경제적인 궁핍도 감수해야 한다는 일종의 속박이었기 때문이다. 하지만 이런 문제점이 있다고 하더라도 교사를 성직자로 보는 관점을 부정하기 어려운 이유도 있다. 성직관에서 보는 모범과 존경의 대상인 교사와 학생 간의 인격적인 소통은 시대와 사회를 초월해서 교사에게 주어지고 기대해야 하는 중요한 명제이기 때문이다.

〈노동직으로서의 관점〉

노동직으로서의 관점은 교직 또한 다른 직업과 마찬가지로 일정한 근무 조건에 따라 노동력을 제공하고 그 대가로 보수를 받는 직업이라고 보는 것이다. 따라서 교사도 적은 보수와 과중한 업무, 열악한 근무 조건을 개선하기 위해 노동조합을 결성하거나 단체 행동을 하는 것이 당연하다고 여긴다. 또한 교사도 사회의

구성원으로서 다른 사람들과 동등하게 정치 활동을 하며, 외부의 부당한 침해를 차단하고, 지위 향상을 이루어 교육을 통한 사회 개혁을 목표하기도 한다.

그러나 이러한 관점은 윤리 의식이나 사명감을 떠나 본인의 이익을 위해 투쟁하는 모습이 교사의 본질적인 모습과 다르며, 교직을 단순히 노동직으로 보는 견해가 우리 국민의 정서와는 동떨어진다는 한계를 지니고 있다.

〈전문직으로서의 관점〉

전문직으로서의 관점은 교직을 수행하기 위해 교사가 갖춰야 하는 전문적인 이론이나 기술 등을 강조하며, 교직을 하나의 전문적인 직업으로 보는 것이다. 전문직관은 성직관과 노동직관의 각각의 장점을 취하고 있는데, 즉 교직을 노동직으로 보면서도 단순한 노동직이 아닌 정신적·인성적인 활동을 하는 직업이며, 교사 자신만의 명예와 출세를 위한 것이 아니라 학생들을 위한 봉사로 생각하는 것이다.

교사는 전문적인 지식과 기술을 갖기 위해 끊임없이 연구·노력해야 하며, 교원 단체를 통해서 자신들의 권리를 옹호할 수 있다. 이것은 변화하는 시대에 역행하지 않고 교사 본질의 신성성을 지키는 장점을 가지고 있다. 그러나 교직을 완전한 전문직으로 보기에는 아직 미흡한 점이 많다. 교사들의 자율성이나 사회적 우대, 법적 제도가 미흡하고 교사 스스로 전문직으로 인정받으려는 노력이 부족하다는 한계가 있기 때문이다.

〈공직으로서의 관점〉

공직으로서의 관점은 교사를 국민의 의무교육을 담당하는
공무원이자, 공공성이 강조되는 직업으로 보는 것이다. 헌법
제7조 1항에 따르면 "공무원은 국민 전체에 대한 봉사자이며
국민에 대하여 책임을 진다"라고 규정하고 있다. 따라서 공무원인
교사도 국민에 대한 봉사자라고 할 수 있다. 공직관은 이처럼
교직을 다른 직업과는 달리 공공성이 강한 국민의 교육을
담당하는 공직으로 보는 것이다.

교직이 공직화되면서 교사들은 많은 신분상의 권리를
보장받게 되었지만, 국민을 위해 봉사하고 품위를 유지해야 하며
직무를 충실히 이행해야 하는 등 성직관 못지않은 무거운 의무도
함께 갖게 되었다. 교사를 '봉사자'로 보는 관점은 성직관과
일맥상통하는데, 이런 점에서 공직관이 전혀 새로운
관점이라기보다는 성직관에서 학교의 본질이 근대화되어가면서
변화한 또 하나의 관점 정도로 볼 수 있겠다. 현재
우리나라에서는 교직을 공직관에 가깝게 보는 편이다.

교사 업무의 특수성

교사는 자신이 습득한 지식을 단순 전달만 하는 게 아니라, 가르침을 받는 제자들의 사회성을 길러주고 개성을 발휘할 수 있도록 이끌어주는 역할을 해야 하는 특수한 직업이다. 때문에 자신의 전공 분야만 잘한다고 해서 좋은 교사가 될 수 있는 것은 아니다. 일상생활에서 필요한 사소한 지식부터 전문 분야의 심도 있는 지식까지 학생들의 수준과 능력에 따라 이해하기 쉽게 전달해주어야 하며, 학생들이 살아가면서 마주하게 되는 여러 상황과 문제들을 현명하게 대처하는 방법까지 알려주어야 한다.

또한 교사는 학생들의 모범이 되어야 하므로 인격적인 자질과 정신적으로 깨끗할 것을 요구받는 직업이기도 하다. 학생들의 인성에 부모만큼 큰 영향을 끼치는 존재이기 때문이다. 건강한 사회의식을 가지고 있는 것도 중요한데, 이는 교사가 편협한 사고를 가지고 있다면 그 영향이 학생들에게 미치게 되기 때문이다.

따라서 교사는 먼저 윤리 의식을 가지고 바른 지식을 전달할 수 있도록 노력해야 한다. 교사 업무의 가장 큰 특수성이 바로 이 윤리적인

문제라고 할 수 있다. 이러한 윤리적인 문제를 깨닫지 못한 채
교사를 단순히 하나의 직업으로만 보고 선택한다면 본인은
물론이고 그 가르침을 받는 학생들과 나아가 사회에까지
바람직하지 못한 일이 된다.

　우리는 가끔 '교사'라는 이름이 어울리지 않는 비윤리적이고
비교육적인 교사들의 사건을 접하게 될 때가 있는데, 이를 보면
교사라는 직업이 가진 특수성이 얼마나 중요한지 새삼 알게 된다.
'콩 심은 데 콩 나고, 팥 심은 데 팥 난다'는 말처럼 인성이 바르지
못한 스승 아래서 훌륭하고 바른 제자가 나올 리가 없다. 훌륭한
교사의 말 한마디가 학생을 큰 인물로 만들게 하기도 하고,
성품이 바르지 못한 교사가 내뱉은 말 한마디가 학생에게는 평생
지울 수 없는 상처가 되기도 한다. 이처럼 교사는 직장인이면서
타인의 인생에 영향을 주는 조심스럽고 어려운 직업이라 할 수
있다.

교사의 권리와 의무

그럼에도 불구하고 교사가 세월의 흐름과 상관없이 늘 인기 직종인 이유는 무엇일까? 바로 직업적인 권리가 보장되어 있기 때문이다. 학생들을 가르치면서 사회적으로 훌륭한 인물로 키우거나 사회의 커다란 일꾼으로 키워내는 것은 보람되고 고귀한 일이다. 이것은 어떤 직업에서도 맛볼 수 없는 성취감이자 권리라고 할 수 있다. 또한 교사는 예로부터 많은 사람들에게 존경을 받아온 전문 직업이며, 다른 직업과는 달리 누구의 지시를 받아서 일하는 것이 아니다. 자신만의 전문적인 교육 체계와 창의적인 프로그램에 따라 자율적으로 연구하고 가르칠 수 있는 직업이다. 교사는 나라에서 법으로 보호받는 직업이기 때문에 도덕적이지 못하거나 법에 저촉되는 일이 없다면 오랫동안 직업을 유지(초중고 교사는 정년이 만 62세, 대학 교수는 만 65세까지)할 수 있다. 월급도 적지 않아 안정적인 직업이라 하겠다. 방학 기간 또는 교사 연수를 통해 자기계발을 위한 시간 할애를 충분히 할 수도 있다. 현재 전국에 160개가 넘는 기관들이 교사들을 위한 연수 프로그램을 운영하고 있으며, 이러한 프로그램에 참여하는 비용도 무료이거나 해당 학교에서 일부 지원을 해주기도 한다.

이처럼 특수한 권리가 있다면 직업적 의무 또한 많은 것이 교사라는 직업이다. 교사는 개인의 직업적 의무와 사회 및 학생에게 해야 하는 역할 두 가지를 모두 수행해야 하는 특수성을 가진다. 먼저 교사의 가장 큰 의무는 학생을 가르치는 교육 활동이다. 학생들을 가르치려면 끊임없이 연구하고 스스로 공부해서 질 높은 교육을 할 수 있도록 해야 한다. 교육과 관련된 정보와 자료를 끊임없이 수집하고 스스로 공부를 게을리하지 않는 자세가 필요하다. 그리고 교사에게는 성실의 의무도 주어진다. 교사는 학생의 거울이기 때문이다. 교사의 행동 하나하나가 학생에게 미칠 영향을 생각하며 늘 성실한 모습을 보여주어야 한다. 또한 교사는 국가에서 월급을 주는 공무원이므로 청렴의 의무와 함께 중립을 유지해야 하기 때문에 정당 가입이나 정치 활동도 금지된다. 이는 교사의 발언이 학생에게 미칠 영향을 생각해서 주어진 의무이다. 이 밖에도 교사들의 집단 활동으로 학생들이 수업을 받지 못하는 일이 생기지 않도록 집단 활동 제한의 의무, 영리를 추구하는 겸직 금지의 의무가 있으나 학교장의 허락이 있으면 가능하다.

교사의 역할

교사는 다른 직업과는 달리 본인이 맡은 세분화된 한 분야의 일만 한다고 그 역할을 다하는 것이 아니다. 교사에게는 수많은 역할이 주어진다. 요즘 학생들은 가정에서 부모와 함께하는 시간보다 학교에서 교사와 함께하는 시간이 더 많다고 해도 과언이 아닐 만큼 학교에서의 생활과 교육이 더 큰 비중을 차지하기 때문에 교사의 역할이 무엇보다 중요하다. 때로는 부모로서, 때로는 친구로서 등등 다양한 임무를 수행하고 있는 교사의 역할에 대해 자세히 살펴보자.

〈지식 전달자로서의 역할〉

학생은 배우는 사람으로서, 학습 활동은 학생의 본질적 의무이다. 따라서 학생을 가르쳐야 하는 교사의 가장 중요한 역할은 학습 활동을 돕는 것이다. 교사는 자신의 지식을 학생에게 전달해야 하므로 꾸준한 연구와 공부를 통해 학생의 지적 호기심을 채우는 데 게을리해서는 안 된다.

〈본보기로서의 역할〉

학생에게 교사는 사회의 가치관과 규범을 대표하는 사람이다. 즉 교사의 말 한 마디, 행동 하나가 학생들이 보고 배우는 '본보기'가 된다는 말이다. 교사는 학생들과 긴밀한 유대감을 형성하면서 인생의 안내자로서 살아가는 데 필요한 지혜와 교훈을 전달해주는 모델과 같은 역할을 한다.

또한 훌륭한 교사는 학생 개개인에게 높은 기대를 가지고 그들의 성공에 대한 진정한 믿음을 가지고 있어야 한다. 비단 학업 성취도가 좋은 학생뿐 아니라 어떤 분야에서든지 뛰어난 점을 발견하였다면 학생의 꿈과 이상을 실현할 수 있도록 도움과 조언을 아끼지 않는 멘토의 역할도 해야 한다.

〈학급 운영자로서의 역할〉

모든 학생은 학급이라는 그룹에 소속되어 학교생활을 하므로 교사는 일정한 규칙과 절차에 따라 학급을 운영하는 역할을 해야 한다. 학급 안에서 학생들의 학습은 물론 인간관계와 사회생활까지 계획적으로 운영하는 운영자가 되어야 한다. 학급과 학생에 대한 책임감을 기본으로 하고 아이들을 대하는 여러 가지 노하우를 갖춰 학급을 돌봐야 한다.

학급 안에서 교사는 부모와 같은 존재로 학생들의 안전을 지키고 그들의 인성을 위해 긍정적이고 화기애애한 학급 분위기를 만들어주는 것이 중요하다. 때론 숲을 바라보는 자세로 학급 전체를 보고, 때론 개개의 나무를 보듯이 학생 하나하나를 살필 줄 아는 원근감 있는 경영이 필요하다.

〈상담자로서의 역할〉

학생들은 가정적으로나 사회적으로 미숙한 약자이다. 때문에 정신적으로 미완성한 성장 단계에서의 많은 문제들을 가지고 있다. 교사는 학생들의 이런 문제를 때론 부모와 친구의 중간 입장에서 들어주고 이해할 수 있어야 한다. 학생들이 부모나 친구에게 할 수 없는 이야기를 교사에게는 털어놓기도 하는데 이때 비밀을 유지해주며 그 문제를 풀어나갈 수 있도록 함께 고민하고 노력하며 방법을 제시해주어야 한다. 이런 과정에서 교사와 학생 간에 인간적인 교감이 이루어지며, 이런 교감은 학생에게 정서적 안정감을 줄 뿐만 아니라 기성세대나 사회에 대한 믿음을 키우는 데도 큰 영향을 준다. 따라서 교사는 상담 능력과 상담 기법을 숙달시켜 상담자로서의 역할을 잘 수행해 나가야 한다.

〈평가자로서의 역할〉

　같은 시간, 같은 교사의 수업을 듣더라도 학생들의 학업
성취도와 행동 발달은 각기 다르게 나타난다. 교사는 학생 각각의
학업 성취도와 적성 등을 관찰, 평가하고 늘 인지하고 있어야
하는데, 그 이유는 학생들의 진로와 진학에 중요한 기준이 되기
때문이다. 따라서 교사는 보다 객관적이며 공정하고 신중한
평가자가 되어야 한다. 교사의 평가에 따라 학생의 진로가
결정되기도 하고 방향이 달라지기도 하므로 한 학생에 대해
애정과 관심 어린 평가를 하고 부족한 점을 보완해주며 도와주는
길잡이 역할을 해야 한다.

교육평가는 왜 하는 것일까?

교사는 교육평가를 하는 평가자이다. 교육평가의 목적은 여러 가지가 있는데, 학생 개개인의 학업성취도를 평가하기 위함도 있고, 학생 개개인뿐 아니라 전체 그룹이 학습 목표를 달성하는 데 있어 문제점을 찾아 보다 효율적으로 목표를 달성하도록 하기 위함도 있다. 또한 교육과정이나 수업자료, 수업절차 등 교육적 효과성을 평가하고 교육프로그램, 교육제도, 교육조직, 교육정책에 관한 증거와 그것을 수집하는 과정이 되므로 올바른 교육정책을 수립하고 전반적인 교육 문제를 이해하는 목적이 되기도 한다.

교육관은 사람마다 다르며, 따라서 교육평가도 교사마다 차이가 있을 수 있지만, 보편적으로 다음과 같은 방식을 따른다. 본격적인 학습이 이루어지기 전에는 적성검사나 준비도검사, 자기보고서 등으로 학생들의 기초 능력을 진단하고 부족한 부분을 파악함으로써 교육 효과를 높이는 데 목적을 둔다. 학습과정 중에는 질문을 통한 수시평가로 교수활동이 계획한 대로 잘 진행되고 있는지 확인할 수 있고, 학생들의 피드백을 통해 수업 방법을 개선할 수도 있으며, 학습이 곤란한 학생을 진단하고 교정할 수도 있다. 또한 교사 스스로 자신의 교수법을 개선하는 데 도움을 받기도 한다. 이런 과정을 거쳐 최종으로 종합 평가를 하게 되는데 중간·기말고사를 통해 교육목표를 얼마나 달성했는지 알아볼 수 있다.

하지만 최근에는 이런 평가가 자칫 인간을 실패군과 성공군으로 유목화(분류화)시킬 수 있고, 고정적인 교육과정에 멈춰 버릴 수 있다는 우려 때문에 교육평가를 교수 및 학습을 개선하고 학생의 학습에 도움을 주는 방향으로 바꾸어 가야 한다는 목소리가 높아지고 있다.

〈학생에 대한 애정이 있어야 한다〉

교육이란 육체적으로나 정신적으로 미성숙한 인간을 대해야
하는 일이기 때문에, 때로는 당황스러운 돌발 상황이 얼마든지
일어날 수 있다. 따라서 어떤 상황에서도 학생을 대하는 일이
즐겁고 보람되게 느껴지는 사람만이 교사가 될 기본적인 자질을
갖춘 사람이라고 할 수 있다. 교사가 되기 위해서는 지식 연구도
중요하지만, 학생들을 이해하고 함께 대화를 나누며 사랑과
믿음으로 그들을 이끌어 갈 수 있는 능력이 더욱 중요하다
하겠다. 학생을 싫어하고 참을성이 부족한 사람이라면 교사될
가장 기본적인 자질이 없는 것이다.

〈신체적·정신적으로 건강해야 한다〉

교사는 교과지도뿐 아니라 생활지도와 학급운영 등 다양한
교육활동을 해야 하는 직업이다. 교단에 서서 매일 4~6시간 이상
수업을 해야 하며 실험이나 실습을 하는 등 정신노동과
육체노동을 함께 요구하기 때문에 기본적으로 신체적인 건강과
체력이 중요하다. 여기에 정신적인 건강이 밑바탕 되어야 하는데,
이는 교사가 윤리·도덕적으로 바르고 건강한 정신을 가지고
있어야 학생들을 바르게 가르칠 수 있기 때문이다. 따라서 교사가
되려면 신체적으로나 정신적으로 건강해야 한다.

〈끊임없는 탐구심을 가져야 한다〉

교사는 학생들의 지적호기심을 충족시켜주기 위해 끊임없이
탐구하고 연구해야 한다. 자신이 가르쳐야 하는 교과 내용에 대해
늘 관심을 가져야 하며, 시시각각 바뀌는 관련 정보나 자료를
끊임없이 수집하고 정리하여 자신의 것으로 소화해야 한다.
필요한 경우에는 자신만의 독창적인 학습 보조교재를

개발하기도 하고, 새로운 정보를 수용하여 남다른 교육을 하는 능력을 요구하기도 한다. 이러한 지적 호기심을 가진 교사만이 학생의 탐구심을 충족시킬 수 있다.

〈공정한 태도를 가져야 한다〉

교사는 각기 다른 환경에서 자란 학생들을 상대해야 하는 직업이다. 때문에 서로 다른 성격과 행동, 습관 등이 문제가 되어 학생들끼리 충돌하거나 문제를 일으키는 등 어른의 입장에서 볼 때 이해되지 않는 행동을 할 때를 종종 접하게 된다. 이로 인해 교사도 개인적으로 좋아하거나 싫어하는 학생이 있을 수도 있다. 하지만 문제가 있어 보이는 학생의 행동에도 나름의 이유가 있을 수 있기 때문에, 눈앞에 보이는 단순한 상황만으로 학생에 대한 편견을 가지고 대해서는 안 된다. 편견은 편견의 대상이 되는 사람에 대한 정보나 지식이 부족해 생기는 경우가 많으므로, 교사는 학생 모두에게 애정과 관심을 갖고, 늘 공정한 태도로 대할 수 있어야 한다.

바람직한 교사상이란?

교사는 인간의 교육을 담당하는 직업이라는 특수성 때문에 그동안 '바람직한 교사상'에 대해 많은 논란이 있어 왔다. 유대 국가에서는 초등학교 교사가 너무 젊어도 너무 연로해도 안 된다고 자격을 제한했고, 세계 각국은 나름의 역사와 전통 속에서 그들만의 바람직한 교사상을 이룩해왔다. 미국의 M.만, 독일의 G.케르셴슈타이너 등의 교육학자가 내세운 교사로서의 바람직한 자질을 정리해보면, '아동에 대해서 깊은 애정을 가진 교사, 폭넓은 지식을 소유하고 지도 방법에 통달되어 있는 교사, 건전한 시민생활을 영위하며 아동에게 모범이 되는 교사, 아동의 재능을 신장하고자 하는 강한 의지를 가진 교사' 등과 같다. 이러한 바람직한 교사의 자질은 오래전부터 역사와 국가를 초월하여 한결같이 요구되는 자질이라 할 수 있다.

〈눈높이 교육을 해야 한다〉

교사는 자신보다 어린 학생들을 가르치기 때문에 학생들의 눈높이에서 그들의 생각과 느낌, 행동을 이해하고 포용하는 교육을 해야 한다. 학생들의 관심사를 그들의 입장에서 이해할 때 학생들은 교사에게 유대감을 느끼게 되고 교육의 효과 또한 커진다. 따라서 교사는 늘 학생과 같은 젊음을 유지해야 할 필요가 있다. 여기에서 젊음은 외모의 젊음이 아니라, 학생의 입장에서 생각하고 느끼기 위해 정신적인 젊음을 유지해야 한다는 뜻이다. 외모보다는 생각이 젊은 교사가 더 좋은 교사라 할 수 있다.

〈도덕적 책임감이 필요하다〉

교사는 말과 행동을 함에 있어 학생들에게 도덕적으로 모범이 되어야 하며, 이로 인한 도덕적인 책임이 뒤따르는 직업이다. 학생이 자라서 사회에 나가게 되었을 때 하는 행동이나 역할에 큰 영향을 주는 것이 바로 교사이기 때문이다. 교사 스스로 바른 윤리 의식을 가지고 모범을 보여야 배우는 학생들의 바른 인격 형성에 도움이 되고 그들의 앞길에 좋은 안내자가 될 수 있음을 명심하자.

〈진정한 용기가 필요하다〉

불의를 보더라도 내 일이 아니면, 내게 손해만 없다면 모른 체 하는 사람들이 늘어나고 있다. 또한 자신의 이익에 반한다면, 이런 불의에 대해 시비를 가리거나 잘잘못을 따지는 사람을 오히려 경시하는 경향까지 생겨나고 있다. 이러한 세상에서 교사는 근시안적인 눈으로 판단하고 이해관계에 따라 움직이는 사람을 키워 내서는 안 된다. 불의를 보고 분노할 줄 아는 용기를 보여주고 가르쳐야 한다. 특히 요즘처럼 학교 폭력이 심각한 사회 문제로 대두되는 때에는 이러한 용기가 더욱 필요하다. 잘못된 부분을 짚어주고 고칠 수 있도록 지도해주는 용기가 있어야 좋은 교사가 될 수 있다.

〈감정 통제 능력이 필요하다〉

교사는 경솔하게 화를 내거나 즉흥적인 감정에 따라 행동해서는 안 된다. 어떤 상황에서도 신중하고 냉정한 판단을 통해 행동해야 한다. 즉 자신의 감정을 완벽하리만큼 통제할 수 있어야 한다. 물론 교사도 인간이기에 학생들의 행동이나 돌발 상황에 화가 날 수는 있겠지만, 이런 상황에서 학생들과 똑같이 감정싸움을 하거나 화를 낸다면 교사로서의 권위도 추락하고 더 큰 문제를 유발시킬 수도 있다. 따라서 늘 자신의 감정을 통제하며 문제를 효과적으로 풀어 나갈 줄 아는 것도 교사의 자질이라 하겠다.

〈확고한 교육 신념이 필요하다〉

돈을 많이 벌기 위해 혹은 세상에 이름을 떨치기 위해 교사가 되고자 하는 사람은 없을 것이다. 교사라는 직업은 어떤 면에서 이름 없는 봉사자와 같다. 늘 같은 자리에서 묵묵히 자신의 역할을 해야 하는데, 그러려면 먼저 교사라는 직업에 대한 긍지와 확고한 신념이 있어야 한다. 교사의 교육 신념은 학생들에게 직접적인 영향을 미친다. 교육관과 신념이 확실한 교사에게 가르침을 받은 학생은 배움에 대한 믿음이 생기기 마련이다.

좋은 선생님이란?

학생들이 생각하는 좋은 선생님이란 어떤 선생님일까? 앞에서 말한 대로 교육에 대한 신념이 투철하고 바른 윤리와 인성으로 학생들을 바르게 가르치는 선생님을 아이들은 좋은 선생님이라고 생각할까? 아니면 외모가 뛰어나거나 위트가 있는 선생님? 혹은 시험문제를 쉽게 내는 선생님? 아이들의 기준에 좋은 선생님은 어떤 선생님일까?

어느 한 설문조사 결과를 보면 '우리 마음을 잘 알아주는 선생님' '차별하지 않는 선생님' '먼저 다가와주는 선생님'이 압도적인 표를 받으며 좋은 선생님으로 선택되었다. 세 가지 모두 다 다른 것 같이 보이지만 잘 생각해보면 일맥상통하는 이야기다. 학생의 마음과 기분을 이해하고 배려해주는 선생님이 좋은 선생님이라는 것이다. 학생이 현재 처해 있는 상황과 기분 등을 고려해보면 '학생들의 마음을 잘 알아주는 선생님'이 될 것이고, 그 학생의 개인적인 사항들을 알고 이해하게 되면 학업성적, 생활태도나 기타사항에 따라서 차별하는 일이 없을 테니 '차별하지 않는 선생님'이 될 것이다. 또 이렇게 학생들에게 마음을 열고 애정을 갖게 되면 학생이 처한 문제를 해결해주거나 도울 수 있는 방법을 먼저 제시해주려 할 테니 '먼저 다가와 주는 선생님'도 되는 것이다. 결국 학생들이 생각하는 좋은 선생님이란 아이들에게 마음을 열고 다가서는 선생님을 말하는 것이다.

Part Two

Who & What

초등학교 교사

　만 6~12세까지의 어린이를 교육하는 교사를 말한다. 초등학교 교사는 국립, 공립, 사립 초등학교에서 어린이들을 대상으로 수업지도, 학급운영, 생활지도 등을 담당한다. 일반적으로 한 개의 학급을 맡고, 학생들의 생활 교육과 교과 수업 계획에 따라 전체 과목을 가르치며, 하루 4~6교시 수업을 한다. 학교마다 교육 계획과 수업 인수 등을 고려하여 가 교과목외 학습 계획안을 작성하고 교재 연구, 학습 자료를 준비하며, 학습 과제물을 검사하고, 시험 출제와 평가 등 학습 평가를 실시한다. 그리고 아직 어린 나이의 학생들이기 때문에 원만한 교우 관계를 맺고 다른 사람과 더불어 생활하는 법과 안전사고 및 폭력 예방, 성교육, 기본 생활습관, 급식지도, 등·하교 지도 등 생활지도를

무엇보다 중요하게 가르친다. 학교생활의 지도와 함께 부모와
학생의 상담을 실시하며 이 밖에도 학생들의 전학, 입학, 출석
관리, 생활기록부 관리, 학부모에게 보내는 가정통신문 준비,
교직원회의에 참석하는 등 학교 업무도 수행한다.

　초등학교의 교육은 학생의 학습과 일상생활에 필요한 기초
능력을 키우고 기본적인 생활 습관을 형성하는 데 중점을 두고
있으며, 초등학교 교사는 이에 따른 교육목표에 따라 학생들을
가르친다. 또한 초등학생은 아직 사회성이 충분히 길러지지 않은
연령이므로 학습지도 외에도 원만한 친구관계를 맺고 다른
사람들과 더불어 생활하는 법을 가르치는 것도 중요하다.

　초등학교 교사가 중등학교 교사와 가장 크게 다른 점은 자신이
담임을 맡고 있는 학급의 학생들에게 전 과목을 가르친다는
것이다. 초등학교 교사는 학교의 교육 계획과 수업 일수 등을
고려하여 도덕, 국어, 사회, 수학, 과학, 체육, 음악, 미술 및 실과,
영어 등 초등 교과목 전 과목의 수업을 실시한다. 때문에 다양한
과목에 대한 지식이 요구된다. 하지만 간혹 영어나 예능의
경우에는 교과전담교사(초등학교에서 한 과목을 맡아 학급 구분 없이
가르치는 교사)가 가르치기도 한다.

교과전담교사

초등학교 교사는 기본적으로 모든 교과를 가르치는 게 원칙이지만, 교
과의 전문성을 살리고 초등교사의 수업 부담을 줄이기 위해 교과전담
교사를 두기도 한다. 교과전담교사는 학급을 맡지 않고 여러 반을 다니
면서 한 과목에 대한 수업만 진행하는데 주로 영어, 음악, 미술, 체육 등
의 과목을 담당한다. 교과전담교사는 각 학교의 교장이 지정하며, 주
로 교육경력이 짧은 젊은 선생님들이 하는 편이다.

〈초등학교 교육목표(2015 개정 교육과정)〉

인간상	교육 목표
전인적 성장을 바탕으로 자아정체성을 확립하고 자신의 진로와 삶을 개척하는 자주적인 사람	자신의 소중함을 알고 건강한 생활 습관을 기르며, 풍부한 학습 경험을 통해 자신의 꿈을 키운다.
기초 능력의 바탕 위에 다양한 발상과 도전으로 새로운 것을 창출하는 창의적인 사람	학습과 생활에서 문제를 발견하고 해결하는 기초 능력을 기르고, 이를 새롭게 경험할 수 있는 상상력을 키운다.
문화적 소양과 다원적 가치에 대한 이해를 바탕으로 인류 문화를 향유하고 발전 시키는 교양 있는 사람	다양한 문화 활동을 즐기고 자연과 생활 속에서 아름다움과 행복을 느낄 수 있는 심성을 기른다.
공동체 의식을 가지고 세계와 소통하는 민주 시민으로서 배려와 나눔을 실천하는 더불어 사는 사람	규칙과 질서를 지키고 협동정신을 바탕으로 서로 돕고 배려하는 태도를 기른다.

중등학교 교사

만 13~15세까지의 청소년을 교육하는 중학교와 만 16세~18세까지의 청소년을 교육하는 고등학교의 교사를 통합해 중등학교 교사라고 한다. 중등학교 교사는 기본적으로 자신이 전공한 한 과목만을 가르치는데, 대학에서 두 개의 전공을 한 복수전공자는 두 과목을 가르치기도 한다. 또한 과학이나 사회 분야의 교사는 두 과목 이상을 가르치는 경우도 있다.

담당 교과목을 가르치는 동시에 담당 학급 학생들의 생활지도와 상담, 교육 활동과 관련된 여러 가지 업무를 한다. 중등학교 학생들은 신체적으로나 정신적으로 성장과 함께 사춘기 과정을 겪는 민감한 시기이므로 교사의 역할이 중요하다. 이성 문제, 인성 문제, 친구 관계, 가족 문제, 사회 적응, 진로나 공부 등 학생이 겪고 있는 많은 문제들을 상담하고 해결 또는 조언해주어야 하며 학교 내 폭력이나 따돌림 같은 심각한 문제들도 지도해야 한다.

그리고 교내 동아리 지도나, 교육과정에 따라 시험 문제를 출제하고 그 결과를 집계해 각 학생들의 가정에 보내는 일도 한다. 초등학교 교사와 마찬가지로 자신의 담당 학급운영에 필요한 입학, 전학, 출결, 생활기록부 작성 등과 같은 업무와 각종 문서를 작성하고 기록하는 등 학교 행정 업무도 한다.

중학교 교육은 초등학교 교육의 성과를 바탕으로, 학생의 학습과 일상생활에 필요한 기본 능력을 키우며, 다원적인 가치를 수용하고 존중하는 민주 시민의 자질을 기르는 데 중점을 둔다. 때문에 중학교에서 추구하는 인간상을 이루기 위해 중등 수준으로 심화, 확대된 교육목표에 따라 학생들을 가르친다. 또한 중학교 시기는 논리적 사고가 가능한 시기이자 자아정체감이 형성되어 가는 시기이기도 하기 때문에 경험의 폭과 깊이를 크게 확장시켜 주는 역할도 교사가 해야 한다.

고등학교 교육은 중학교 교육의 성과를 바탕으로, 학생의 적성과 소질에 맞는 진로 개척 능력과 세계 시민으로서의 자질을 기르는 데 중점을 둔다. 고등학교는 일반계 고등학교와 전문교육을 주로 하는 고등학교로 나뉘므로, 각 학교의 특성에 따라 교사가 교육과정을 편성하고 운영한다.

중등학교 교사는 가르치는 대상은 다르나 자격증이 동일하기 때문에 중학교와 고등학교 사이에 이동이 가능하다. 따라서 중학교 교사로 근무하다가 고등학교로 갈 수 있으며, 이와 반대로의 이동도 가능하다. 하지만 초등학교와의 교류는 불가하다.

〈중학교 교육목표(2015 개정 교육과정)〉

인간상	교육 목표
전인적 성장을 바탕으로 자아정체성을 확립하고 자신의 진로와 삶을 개척하는 자주적인 사람	심신의 조화로운 발달을 바탕으로 자아존중감을 기르고, 다양한 지식과 경험을 통해 적극적으로 삶의 방향과 진로를 탐색한다.
기초 능력의 바탕 위에 다양한 발상과 도전으로 새로운 것을 창출하는 창의적인 사람	학습과 생활에 필요한 기본 능력 및 문제 해결력을 바탕으로, 도전정신과 창의적 사고력을 기른다.
문화적 소양과 다원적 가치에 대한 이해를 바탕으로 인류 문화를 향유하고 발전 시키는 교양 있는 사람	자신을 둘러싼 세계에서 경험한 내용을 토대로 우리나라와 세계의 다양한 문화를 이해하고 공감하는 태도를 기른다.
공동체 의식을 가지고 세계와 소통하는 민주 시민으로서 배려와 나눔을 실천하는 더불어 사는 사람	공동체 의식을 바탕으로 타인을 존중하고 서로 소통하는 민주 시민의 자질과 태도를 기른다.

〈고등학교 교육목표(2015 개정 교육과정)〉

인간상	교육 목표
전인적 성장을 바탕으로 자아정체성을 확립하고 자신의 진로와 삶을 개척하는 자주적인 사람	성숙한 자아의식과 바른 품성을 갖추고, 자신의 진로에 맞는 지식과 기능을 익히며 평생학습의 기본 능력을 기른다.
기초 능력의 바탕 위에 다양한 발상과 도전으로 새로운 것을 창출하는 창의적인 사람	다양한 분야의 지식과 경험을 융합하여 창의적으로 문제를 해결하고, 새로운 상황에 능동적으로 대처하는 능력을 기른다.
문화적 소양과 다원적 가치에 대한 이해를 바탕으로 인류 문화를 향유하고 발전 시키는 교양 있는 사람	인문 · 사회 · 과학기술 소양과 다양한 문화에 대한 이해를 바탕으로 새로운 문화창출에 기여할 수 있는 자질과 태도를 기른다.
공동체 의식을 가지고 세계와 소통하는 민주 시민으로서 배려와 나눔을 실천하는 더불어 사는 사람	국가 공동체에 대한 책임감을 바탕으로 배려와 나눔을 실천하며 세계와 소통하는 민주 시민으로서의 자질과 태도를 기른다.

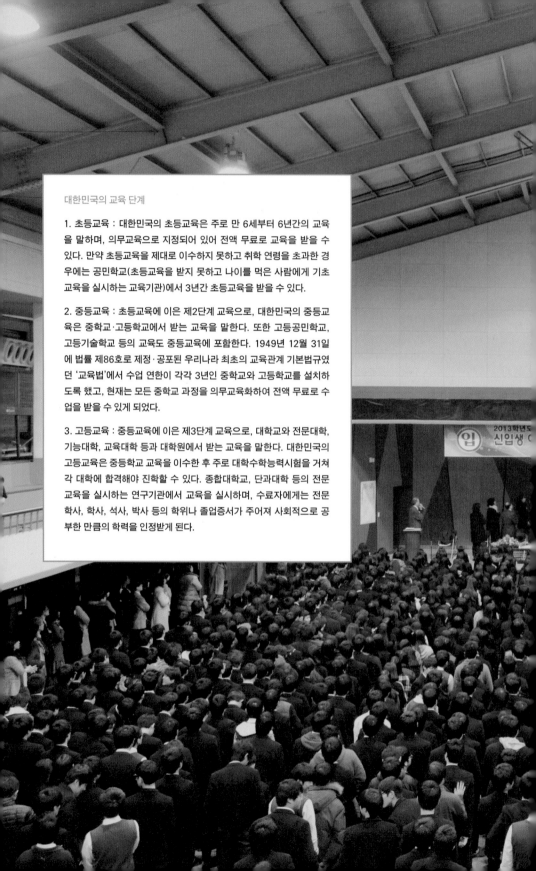

대한민국의 교육 단계

1. 초등교육 : 대한민국의 초등교육은 주로 만 6세부터 6년간의 교육을 말하며, 의무교육으로 지정되어 있어 전액 무료로 교육을 받을 수 있다. 만약 초등교육을 제대로 이수하지 못하고 취학 연령을 초과한 경우에는 공민학교(초등교육을 받지 못하고 나이를 먹은 사람에게 기초교육을 실시하는 교육기관)에서 3년간 초등교육을 받을 수 있다.

2. 중등교육 : 초등교육에 이은 제2단계 교육으로, 대한민국의 중등교육은 중학교·고등학교에서 받는 교육을 말한다. 또한 고등공민학교, 고등기술학교 등의 교육도 중등교육에 포함한다. 1949년 12월 31일에 법률 제86호로 제정·공포된 우리나라 최초의 교육관계 기본법규였던 '교육법'에서 수업 연한이 각각 3년인 중학교와 고등학교를 설치하도록 했고, 현재는 모든 중학교 과정을 의무교육화하여 전액 무료로 수업을 받을 수 있게 되었다.

3. 고등교육 : 중등교육에 이은 제3단계 교육으로, 대학교와 전문대학, 기능대학, 교육대학 등과 대학원에서 받는 교육을 말한다. 대한민국의 고등교육은 중등학교 교육을 이수한 후 주로 대학수학능력시험을 거쳐 각 대학에 합격해야 진학할 수 있다. 종합대학교, 단과대학 등의 전문교육을 실시하는 연구기관에서 교육을 실시하며, 수료자에게는 전문학사, 학사, 석사, 박사 등의 학위나 졸업증서가 주어져 사회적으로 공부한 만큼의 학력을 인정받게 된다.

전문상담교사

전문상담교사는 지역교육청 상담실과 학교에서 학생들의 상담을 주로 담당하는 교사로, 전문상담교사 자격증을 가진 사람을 말한다. 직업과 진로에 대한 수업을 하며 청소년 문제에 대해 다양하고 다각적인 연구를 통해 교육 및 예방 프로그램을 개발하고 운영하는 교육활동을 한다.

전문상담교사는 다른 교사들과는 달리 지식을 전달해주기보다는 학생들이 가지고 있는 고민과 문제를 해결해주는 역할을 한다. 학업, 교우 관계, 이성 문제, 진로, 가정 문제, 학교생활 등 학생의 생활 전반에 대한 문제에 대해 상담하고 지도한다. 각 학생의 적성이나 성격, 지능, 정서 등을 평가하는 전문적인 검사를 하고 결과를 해석해 그에 따라 상담을 진행한다.

전문상담교사가 되려면 학생들의 이야기에 귀 기울이고 그들을 이해할 수 있는 따뜻한 마음과 수용력을 기본으로 갖추고, 신중한 판단력과 책임의식을 가지고 있어야 한다.

또한 학생의 인성에 직접적으로 영향을 미칠 수 있는 분야이기 때문에 도덕적 윤리가 특히 중요시되는 직업이기도 하다. 최근에는 집단 따돌림, 학교 폭력 등 청소년 문제가 사회 문제화되면서 청소년 상담에 대한 필요성과 관심이 증가하고 있다. 따라서 전문상담교사의 전망은 밝다고 할 수 있다.

사서교사

사서교사는 학교 도서관 관리 및 운영에 대한 직무를 담당하는 교사로, 학교 도서관의 경영자라고 할 수 있다. 도서 대출만을 관장하는 단순 사서의 역할만 하는 것이 아니라, 교사로서 학생들의 정보 활용 능력과 독서력을 길러주는 역할을 담당한다.

사서교사는 정보 활용 교육과 독서 교육, 도서관 활용 수업, 진로 독서 교육, 독서 치료, 학습 독서 등 다양한 교육활동과 학생들이 수많은 정보 사이에서 필요한 정보를 가려내고 효과적으로 활용할 수 있도록 돕는 역할을 한다. 때론 다른 교과 선생님들의 교육활동에 필요한 자료를 제공하고 상담하는 역할을 하기도 하며 학교 행정 업무에 참여, 협조하기도 한다.

미국 학교 도서관 기준에서는 사서교사의 역할을 다음 네 가지로 구분하고 있다. 독서나 정보 활용 교육을 하는 교사, 다른 교과 교사들의 수업에 협력하는 교수파트너, 정보와 자료의 관리를 하는 정보전문가, 학교 도서관을 운영하는 프로그램경영자이다. 학교 도서관이 갖는 교육적 사명을 강조하여 교사로서의 역할을 제1순위에 놓고 있으나, 교사로서의 역할을 수행하기 위해서는 먼저 학교도서관 경영자로서의 역할이 선행되어야 한다. 경영자로서의 역할을 제대로 하지 않고서는 교사로서의 역할을 수행하는 데 한계가 있기 때문이다. 이런 4대 역할은 오직 제대로 된 사서교사의 교육을 받은 사람만이 해낼 수 있다.

현재는 사서교사의 배치가 권장 사항이지만, 대학 입시에서 논술 전형 비율이 높아지고 학교 도서관의 활성화가 추진되면서 앞으로 사서교사의 수요가 증기할 것이리 예상된다.

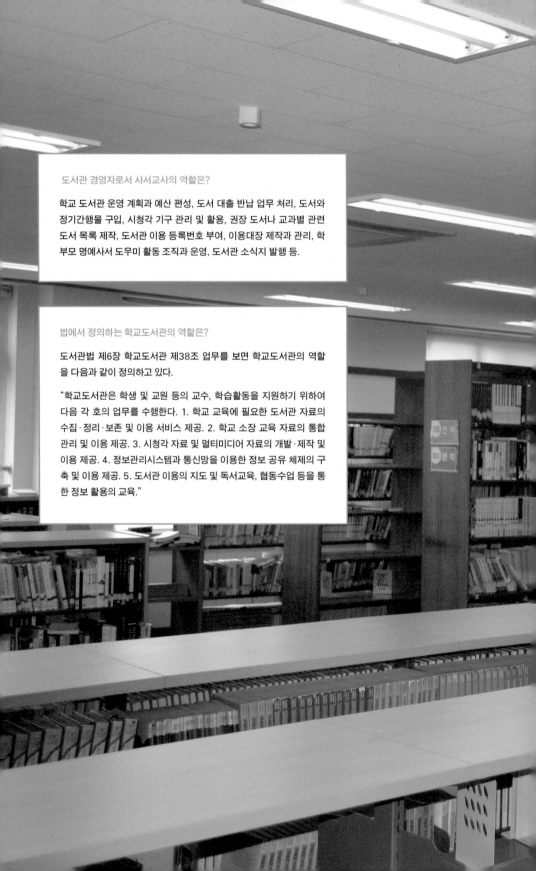

도서관 경영자로서 사서교사의 역할은?

학교 도서관 운영 계획과 예산 편성, 도서 대출 반납 업무 처리, 도서와 정기간행물 구입, 시청각 기구 관리 및 활용, 권장 도서나 교과별 관련 도서 목록 제작, 도서관 이용 등록번호 부여, 이용대장 제작과 관리, 학부모 명예사서 도우미 활동 조직과 운영, 도서관 소식지 발행 등.

법에서 정의하는 학교도서관의 역할은?

도서관법 제6장 학교도서관 제38조 업무를 보면 학교도서관의 역할을 다음과 같이 정의하고 있다.

"학교도서관은 학생 및 교원 등의 교수, 학습활동을 지원하기 위하여 다음 각 호의 업무를 수행한다. 1. 학교 교육에 필요한 도서관 자료의 수집·정리·보존 및 이용 서비스 제공. 2. 학교 소장 교육 자료의 통합 관리 및 이용 제공. 3. 시청각 자료 및 멀티미디어 자료의 개발·제작 및 이용 제공. 4. 정보관리시스템과 통신망을 이용한 정보 공유 체제의 구축 및 이용 제공. 5. 도서관 이용의 지도 및 독서교육, 협동수업 등을 통한 정보 활용의 교육."

실기교사

　실기교사는 학생들의 실습을 주로 맡아 교육하는 교사를
말한다. 주로 실업 계열이나 예·체능 실기를 담당하며 교사와
협의하여 실험이나 실습에 대한 지도 계획을 세워 교육하고,
실습에 필요한 실험 기기나 도구 및 재료를 준비하고 점검하기도
한다. 그러나 2급 정교사 자격증을 취득한 교사들이 기능 및
실기를 지도하고 있는 학교가 많아서 사실상 실기교사의 수요가
거의 없는 실정이다.

보건교사

보건교사는 다치거나 아픈 학생을 돌봐주고 건강을 보살피는 교사로, 우리가 흔히 말하는 '양호선생님'을 뜻한다. 일제 강점기 때부터 사용되어 온 '양호교사'라는 명칭은 2002년 '보건교사'로 바뀌었는데, 그 이유는 보건교사의 역할이 단순 응급처치에서 끝나는 것이 아니라 학생과 교직원들의 질병 예방과 치료, 재활 등으로 커졌기 때문이다.

보건교사는 초등학교, 중·고등학교, 특수학교에서 모두 근무가 가능하므로 발령받는 학교에 따라 교육 대상과 내용이 달라진다. 학교에 따라서 수업을 하지 않는 경우도 있지만, 보통 일주일에 3~4시간 정도 약물 오·남용, 성교육, 금연교육, 응급처치교육, 비만관리교육, 구강관리교육, 시력관리교육 등 건강과 생활, 보건에 관한 수업을 한다.

현행 학교보건법에는 18학급 이상 규모의 학교에만 보건교사를 의무 배치하도록 규정되어 있다. 보통 일정 규모 이상의 학교에는 보건교사가 배치되어 있으리라 생각하지만, 현재(2020년 기준) 전국 학교의 보건교사 배치율은 87.6%이다. 2013년 배치율인 64.9%에 비하면 많이 올라왔다고 볼 수 있다. 하지만 전국 보건교사 배치율을 보면 서울을 비롯한 대도시가 99%인 반면 산간벽지가 많은 강원, 전남, 전북, 제주의 경우 60%에도 미치지 못한다. 보건교사가 배치된 학교의 보건교육 실시율 또한 2010년 73.6%에서 2013년에는 49.1%로 감소됐다. 2018년도의 실시율도 초등학교 약 80%, 중·고등학교 약 40~50%의 수준정도 밖에는 안된다. 최근 빈번하게 발생하는 각종 사고의 예방과 대처를 위해서라도 응급처치 등에 관한 학교 보건교육이 필수적으로 실시되어야 하기에, 모든 학교에 보건교사를 배치하도록 법 개정을 추진하고 있다.

보건교사는 신분이나 대우, 권리나 의무 등 모든 부분에서 일반 교과 담당 교사와 조건이 같지만, 교감이나 교장은 될 수 없는 한계가 있다. 하지만 장학사나 교육연구사는 될 수 있다.

영양교사

영양교사는 보건교사와 같이 건강을 담당하는 교사로, 학생들이 영양적으로 균형 잡힌 식사를 할 수 있도록 돕는 역할을 한다. 학교 급식실에 주로 근무하며 급여, 연금, 휴가, 신분, 의무 등 모든 부문에서 조건이 일반 교과 담당 교사와 같지만 교감이나 교장은 될 수 없다. 또한 장학사나 교육연구사 모집도 없는 실정이다.

학교 급식 관련 업무가 주 업무로 급식계획, 영양관리, 위생관리, 식재료관리, 작업관리, 예산관리, 식생활지도 등을 포함한 연간 급식운영계획을 작성한다. 균형 잡힌 식단을 작성하고 그에 따른 식재료를 선정하는 일을 하며 식재료의 보관과 조리장의 위생 관리, 조리실 종사자들을 지도하고 감독하는 일을 한다. 또한 영양교사도 보건교사와 마찬가지로 교육활동을 하는데 올바른 식습관에 대한 교육, 식중독 예방 교육, 비만 및 성인병 예방 교육, 학부모를 대상으로 한 영양 교육 등을 실시한다. 이 밖에도 주어진 학교 행정 업무와 교육 연수를 받기도 한다.

요즘은 저녁식사까지 급식을 하는 고등학생들의 경우 총 식사의 2/3를 학교에서 해결하는 셈이다. 밥상을 책임지던 엄마의 역할을 학교에서 하게 되었다고 해도 과언이 아닌데, 따라서 영양교사의 역할이 더욱 중요해졌다. 한창 자라야 할 성장기의 학생들이 다이어트를 한다는 이유로 식사를 하지 않거나 학교 공부와 학원 수업 때문에 패스트푸드를 자주 먹기도 하는데 이런 식습관은 영양 불균형으로 이어져 심각한 건강 문제를 초래할 수 있다. 영양교사는 이러한 문제를 예방하고 관리하고 교육하는 중요한 역할을 담당한다.

학교급식법이란?

학교급식법은 1981년 제정한 법률 제3356호로 학교급식을 통해 학생의 건강을 지키고 국민 식생활 개선에 기여하기 위해 제정한 법이다. 학교는 급식에 필요한 시설과 설비를 갖추어 학교급식을 효율적으로 실시하고, 필요한 경비를 조달하기 위해 학교급식후원회를 둘 수 있으며, 학생의 발육과 건강에 필요한 영양을 충족할 수 있는 식품으로 급식을 구성하되 위생과 안전 관리를 철저히 해야 하고, 학교는 초·중등교육법에 따라 영양교사를 두어야 한다는 등의 내용을 담고 있다.

특수학교 교사

특수학교 교사는 신체적·정신적·지적 장애를 가진 학생을 가르치는 교사로, 장애를 효과적으로 극복하고 사회의 구성원으로 자리 잡을 수 있도록 도와주는 역할을 한다. 장애학생의 장애 정도, 교육 수준, 발달 상황 등을 진단하고 교육 프로그램 기획과 운영을 통해 필요한 지식과 기능을 가르친다.

특수교사는 장애학생과 일반학생을 섞어 가르치는 통합교육으로 인해 일반 학교의 특수학급에서 근무하기도 하는데, 일반 초·중·고등학교의 특수학급은 장애 정도가 가벼운 학생들로 구성되어 있다. 하지만 특수교사 대부분은 특수학교에서 근무하게 된다. 특수학교란 장애인의 교육을 위하여 일반 학교와 분리된 형태로 설립된 교육 시설을 말한다. 시각장애, 청각장애, 정신지체, 지체부자유, 정서장애 등 장애 영역별로 설립되어 있는 경우가 많으며, 간혹 두 종류 이상의 장애 교육을 담당하는 특수학교도 있다. 보통은 한 학교 내에서 유치부, 초등부, 중·고등부 과정을 함께 운영하는 경우가 대부분이지만, 독립적으로 운영하는 경우도 있다.

초등부에서는 개인생활 교육을, 중등부에서는 사회생활 교육을, 고등부에서는 직업생활 교육을 한다. 초등부에서는 담임교사가 전 과목을 가르치는데 경우에 따라 2명 이상의 교사가 과목을 나눠 담당하기도 한다. 중·고등부에서는 시각장애, 청각장애, 지체부자유 특수학교와 정신지체나 정서장애 특수학교가 다르다. 시각·청각 장애, 지체부자유 특수학교는 일반 중등학교처럼 한 교사가 한 과목을 가르치지만, 정신지체, 정서장애 특수학교의 경우는 주로 담임교사가 국어, 사회, 수학, 과학, 건강, 예능, 직업 등 7개 과목을 모두 가르치며 경우에 따라 2명 이상의 교사가 나누어 가르치기도 한다.

특수교사의 월급은 일반교사에 비해 기본급과 수당을 더 받는데, 기본급은 2호봉이 높다. 즉 2년을 더 근무한 것으로 인정해주는 셈이다. 행정 업무나 연수, 학급 경영 등은

일반교사와 크게 다르지 않으나, 특수교사는 일반교사처럼 교과
중심의 교육활동에 중점을 두기보다는 학생의 생활교육에 더
많은 노력을 기울여야 하므로 장애인에 대한 남다른 애정과 관심,
희생과 봉사 정신이 있는 사람에게 적합하다고 하겠다.

그리고 특수교사는 일반교사들이 하지 않는 치료교육활동을
한다. 치료교육 담당 교사가 혼자 하거나 그 교사를 중심으로 해
학급 담임교사나 교과목 담당교사가 함께한다. 언어치료,
작업치료, 물리치료를 비롯해 감각훈련, 청능훈련,
심리행동적응훈련, 보행훈련 등을 실시한다. 특수학교의 교과
이외의 교사로는 재활교육교사, 직업교육교사, 이료교육교사가
있다. 재활교육교사는 장애학생의 치료 및 훈련 분야를 맡아
가르치는 교사이고, 직업교육교사는 중·고등부에서 실시하는
장애학생들의 직업교육을 하며, 이료교육교사는 고등부
전문직업훈련반에서 안마, 마사지, 지압, 뜸, 침술 과 같은 기술을
가르치는 교사를 말한다.

특수학교 교육이 추구하는 인간상

1. 전인적 성장의 기반 위에 개성을 추구하는 사람

2. 기초 능력을 토대로 창의적인 능력을 발휘하는 사람

3. 폭넓은 교양을 바탕으로 진로를 개척하는 사람

4. 우리 문화에 대한 이해의 토대 위에 새로운 가치를 창조하는 사람

5. 민주 시민 의식을 기초로 공동체의 발전에 공헌하는 사람

6. 장애를 극복하고자 하는 의지와 능력을 갖춘 사람

특수학교 교육 과정에서는 일반 학교의 교육 과정에서 추구하는 인간
상으로 제시된 5가지의 항목에 6항의 '장애를 극복하고자 하는 의지와
능력을 갖춘 사람'을 더하여 그 구현에 역점을 두고 있다.

이료교육과 이료교육 교사

이료는 안마 등 신체에 자극을 가해 건강을 증진하는 요법으로, 이료
교육은 장애가 있는 학생이 장차 사회인으로서 살아갈 수 있도록 돕는
직업교육의 일환으로 안마, 마사지, 침술, 뜸 등을 가르치는 일을 말한
다. 주로 시각장애인을 대상으로 하는 교육으로 이료교육교사가 되기
위해서 이료교사 자격증을 취득할 수 있는 학교는 현재 없다. 특수학교
정교사 자격증과 이료 관련 자격증을 가지고 이료교사 연수과정을 마
쳐야 이료교육교사가 될 수 있다.

기타 교사

〈준교사〉

준교사는 한 과목 또는 그 이상의 교과목을 가르치며 학생들의 생활을 지도하는 교사로, 정교사와 하는 일은 차이가 없다.

준교사 자격증을 취득하면 전국의 초·중·고등학교에서 근무할 수 있는데 단, 국공립학교에서 교사로 근무하기 위해서는 준교사 자격증을 취득한 후 별도로 교원임용시험에 합격해야 한다. 이 밖에도 대학입시학원에서 해당 과목의 강사로 활동할 수도 있다.

준교사자격검정에 합격하거나 실기교사로서 5년 이상의 교육 경력을 가지고 소정의 재교육을 받으면 준교사가 될 수 있으며, 준교사 자격증을 가지고 2년 이상 교사로서 근무 경력을 쌓은 후 소정의 교육을 받으면 2급 정교사 자격증을 취득할 수 있다.

〈방과후교사〉

방과후교사는 정규 수업이 끝난 방과 후 교실에서 아이들을 가르치고 보호하는 역할을 하는 교사이다. 방과후교사가 되려면 대학에서 관련 학과를 졸업했거나, 방과후교사 자격증을 취득하면 된다. 방과후교사 자격증은 교육청의 인가를 받은 교육기관에서 시험을 통해 취득할 수 있으며, 사고력수학, 보드게임, 가베, 마술, 쿠키클레이, 미술, 요리, 미용, 로봇과학 등 다양한 과목이 있다. 방과후교사는 학생들을 안전하게 보호해야 하며, 학생들의 잠재력과 창의력을 깨워줄 수 있는 창의적인 수업을 해야 한다. 최근 맞벌이 부부가 많아지면서 자녀양육의 어려움을 해결하기 위해 방과 후 보육시설이 늘어나고 방과 후 교실이 활성화되는 추세다.

교감

교감은 교장을 도와 교무를 담당하며, 불가피한 사정으로 교장이 자리를 비우게 되었을 때 교장의 역할을 대신한다. 교장을 조력하는 위치에 있으므로, 교장의 직무인 교무 통할이나 교사와 같은 소속 직원의 지도와 감독, 학생 교육 등을 수행한다. 그리고 교사와 교장의 중간 위치에 있기 때문에, 구성원이 모두 능력을 발휘해 최대한의 교육 효과를 줄 수 있도록 조정·중재하는 중간관리자의 역할도 한다.

교감의 여러 역할 중에서도 특히 중간관리자의 역할이 중요한데, 이는 교감이 교장보다는 교사들과의 접촉 기회가 많고 직무에 따라 교사들에게 직간접적 영향을 미치기 때문이다. 교감의 중간관리자적 역할은 교감이 진행하는 회의에서 발휘된다. 교감은 학교장과 사전 협의한 문제를 실무자의 조율을 거쳐 공식 회의에 상정해야 하며, 설득자의 입장이 아닌 교사들의 의견을 수렴하는 위치에서 회의를 이끌어야 한다. 교감의 회의 능력에 따라 그 결실의 차이가 크다고 하겠다. 교감은 정보관리자로서의 역할도 하는데 교직원 간의 친목을 도모하고 소통하며 밝은 학교 분위기를 조성하기 위해 교직원에 대한 정보는 물론 학부모나 지역 인사들의 개인 정보에도 관심을 기울일 필요가 있다. 또한 낙후된 학교 건물이나 시설, 운동기구, 차량 등 학교 내에서 문제를 일으킬 만한 소지가 있는 시설이나 요소들을 관리하는 역할도 하고, 이 밖에도 인사 관리, 사무 관리, 미화 관리, 지역 관리 등 교감이 해야 하는 일은 많다. 학교와 관련된 모든 문제의 최종결정권자는 교장이지만, 교감은 실질적인 업무의 총괄자로서 항상 주의를 기울이고 신경을 써야 한다.

초등학교 교감의 자격 기준은 초등학교 1급 정교사 자격증 또는 보건교사 1급 자격증을 가지고 3년 이상의 교육 경력과 소정의 재교육을 받은 사람이나, 초등학교 2급 정교사 자격증 또는 보건교사 2급 자격증을 가지고 6년 이상의 교육 경력과

소정의 재교육을 받은 사람, 또는 특수학교의 교감 자격증을 가진
사람이 해당된다. 중등학교 교감의 자격 기준은 중등학교 1급
정교사 자격증 또는 보건교사 1급 자격증을 가지고 3년 이상의
교육 경력과 소정의 재교육을 받은 사람이나, 중등학교 2급
정교사 자격증 또는 보건교사 2급 자격증을 가지고 6년 이상의
교육 경력과 소정의 재교육을 받은 사람, 교육대학의
교수·부교수로서 6년 이상의 교육경력이 있는 사람, 또는
특수학교의 교감 자격증을 가진 사람이 해당된다.

교사평가

교사평가란 교사의 교과교육 활동과 학생지도 활동 등을 근무 능력과
전문성 기준으로 판단하는 것을 말한다. 교사평가의 목적은 수업의 질
을 개선하고 인사 행정의 의사를 결정하는 데 있다. 학급 경영이나 수업
운영, 생활·진로 지도, 교육평가, 자기연구 등의 직무 평가와 교육내용
과 교수법에 대한 전문적 지식, 교육에 대한 사명감, 교육자로서의 인
성과 태도 등의 자질 평가를 한다.

중국에서는 교사평가제를 대부분의 학교에서 실시하고 있어 학생들의
반별·과목별 성적이 교사평가에 적용되기 때문에 교사가 더욱 적극적
으로 아이들의 성적과 학교생활을 세심하게 챙긴다는 의견도 있다. 하
지만 우리나라에서는 교사평가제가 교사의 교육활동 자율성을 침해하
며 실효성을 거두기 어려운 비현실적 방안이라는 여러 가지 논란이 있
다. 우리나라에서 시행되고 있는 교사평가는 대통령령인 '교육공무원
승진규정'에 명시된 내용에 근거한 것으로 교감 승진 후보자 결정 등
인사 결정의 근거 자료로만 활용된다.

교장

교장은 한 학교의 대표이자, 교사가 학생을 바르게 가르칠 수 있도록 학교를 운영하는 최고 책임자이다. 일반 교사보다 오랜 교육 경력과 실무 경력을 바탕으로 훌륭한 지도력을 갖춘 교장은 학교의 민주적인 분위기를 조성하고 문제점을 해결하며 교사의 효과적인 교육을 돕는 학교의 최고 경영자이다.

교장은 교육부 장관이 수여하는 자격증을 받은 사람이며, 교육부 장관의 제청으로 대통령이 임명한다. 임기는 4년이고 한 차례 중임이 가능하며, 정년이 4년 미만으로 남았을 경우에는 정년 잔여기간까지 재직하게 된다.

교장의 자격 기준은 교감 자격증을 가지고 3년 이상의 교육 경력과 소정의 재교육을 받은 사람이거나, 학식과 덕망이 높아 대통령령이 정하는 기준에 따라 교육부 장관의 인정을 받은 사람, 또는 특수학교의 교장 자격증이 있는 사람이거나, 교육대학이나 전문대학의 학장으로 근무한 경력이 있는 사람이 해당된다. 최근에는 교장을 승진이 아닌 공개 모집해서 임용하는 '교장공모제'의 방식을 취하는 학교가 많아지고 있는 추세이다.

교장은 교사의 열정을 이끌어낼 수 있는 리더십을 가지고 있어야 하며, 비전을 이루기 위한 학교 경영 능력도 갖춰야 한다. 또한 교장의 신념에 따라 학교 전체의 가치관이 달라지기도 하는 만큼 인간존중, 솔선수범, 변화선도, 교수학습 실천의 리더십 등이 필요하기도 하다. 최근에는 교장실에만 앉아 있기 보다는 교사와 학생 곁으로 다가와 친근해지려는 교장들이 많아지고 있다. 똑같은 말을 반복해서 훈계하고 지시하기만 하는 게 아니라, 먼저 실천하고 바꾸어 나감으로써 교사와 학생들에게 본을 보이는 교장이 좋은 교장이라고 할 수 있다.

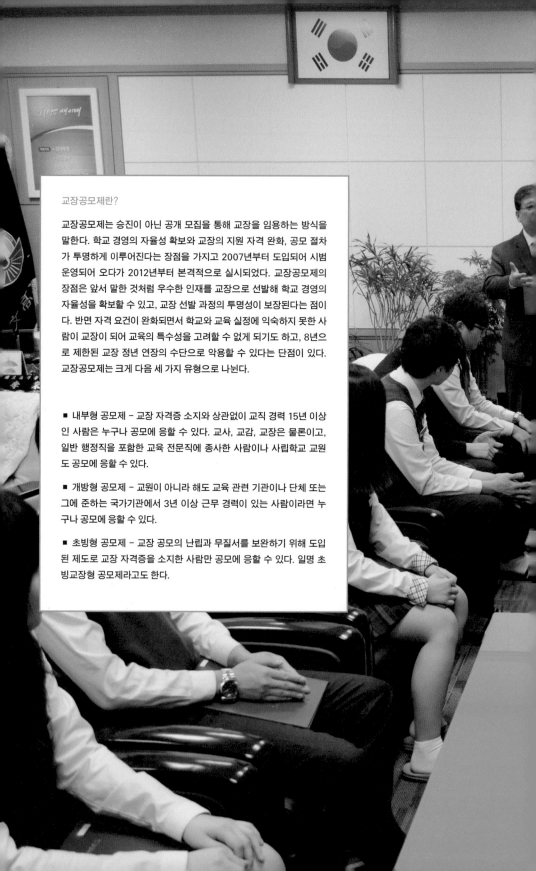

교장공모제란?

교장공모제는 승진이 아닌 공개 모집을 통해 교장을 임용하는 방식을
말한다. 학교 경영의 자율성 확보와 교장의 지원 자격 완화, 공모 절차
가 투명하게 이루어진다는 장점을 가지고 2007년부터 도입되어 시범
운영되어 오다가 2012년부터 본격적으로 실시되었다. 교장공모제의
장점은 앞서 말한 것처럼 우수한 인재를 교장으로 선발해 학교 경영의
자율성을 확보할 수 있고, 교장 선발 과정의 투명성이 보장된다는 점이
다. 반면 자격 요건이 완화되면서 학교와 교육 실정에 익숙하지 못한 사
람이 교장이 되어 교육의 특수성을 고려할 수 없게 되기도 하고, 8년으
로 제한된 교장 정년 연장의 수단으로 악용할 수 있다는 단점이 있다.
교장공모제는 크게 다음 세 가지 유형으로 나뉜다.

■ 내부형 공모제 – 교장 자격증 소지와 상관없이 교직 경력 15년 이상
인 사람은 누구나 공모에 응할 수 있다. 교사, 교감, 교장은 물론이고,
일반 행정직을 포함한 교육 전문직에 종사한 사람이나 사립학교 교원
도 공모에 응할 수 있다.

■ 개방형 공모제 – 교원이 아니라 해도 교육 관련 기관이나 단체 또는
그에 준하는 국가기관에서 3년 이상 근무 경력이 있는 사람이라면 누
구나 공모에 응할 수 있다.

■ 초빙형 공모제 – 교장 공모의 난립과 무질서를 보완하기 위해 도입
된 제도로 교장 자격증을 소지한 사람만 공모에 응할 수 있다. 일명 초
빙교장형 공모제라고도 한다.

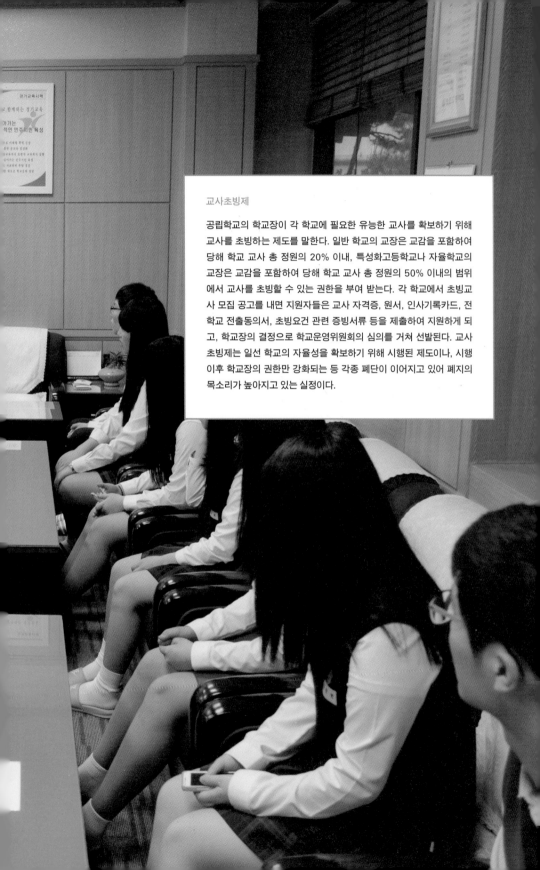

교사초빙제

공립학교의 학교장이 각 학교에 필요한 유능한 교사를 확보하기 위해 교사를 초빙하는 제도를 말한다. 일반 학교의 교장은 교감을 포함하여 당해 학교 교사 총 정원의 20% 이내, 특성화고등학교나 자율학교의 교장은 교감을 포함하여 당해 학교 교사 총 정원의 50% 이내의 범위에서 교사를 초빙할 수 있는 권한을 부여 받는다. 각 학교에서 초빙교사 모집 공고를 내면 지원자들은 교사 자격증, 원서, 인사기록카드, 전 학교 전출동의서, 초빙요건 관련 증빙서류 등을 제출하여 지원하게 되고, 학교장의 결정으로 학교운영위원회의 심의를 거쳐 선발된다. 교사초빙제는 일선 학교의 자율성을 확보하기 위해 시행된 제도이나, 시행 이후 학교장의 권한만 강화되는 등 각종 폐단이 이어지고 있어 폐지의 목소리가 높아지고 있는 실정이다.

공립학교와 사립학교

교사의 일터인 학교는 공립학교와 사립학교로 구분된다.
공립학교는 시·도 교육청 등 지방자치단체의 교육기관이
관장하는 학교를 말하며 설립 주체에 따라 시립학교·도립학교로
구분할 수 있고, 사립학교는 개인 또는 사법인이 설립해서
운영하는 학교를 말한다. 공립학교의 특징은 국가에서 정한 정규
교육과정에 따라 학생들을 가르치기 때문에 지역마다 교육의
질적 차이가 나지 않는 것이다. 반면 사립학교의 특징은 학교장의
재량으로 특성화된 교육 프로그램에 따라 학생들을 가르치기
때문에 교육권의 자율성과 창의성이 있다는 점이다.

교사의 자격과 활동은 공립학교와 사립학교가 동일하다.
하지만 채용 방식과 근무 기간에서는 차이가 난다. 공립학교는

교육청에서 근무할 학교를 정해 발령을 내리고 한 학교에서 일정
기간(4~5년)이 지나면 다른 학교로 옮겨 가야 한다. 반면
사립학교는 자신이 근무할 학교를 정해 지원해서 채용되면
퇴직할 때까지 한 학교에서 근무하게 된다. 또 공립학교의 교사는
공무원으로 특별한 일이 있지 않으면 휴직·면직되지 않아 신분이
보장되지만, 사립학교의 교사는 학급이나 학과의 수가 줄어드는
경우 등의 사유로 해고될 수 있어 신분보장이 철저하지 못한
편이다.

〈공립학교와 사립학교 교사의 차이〉

구분	공립학교	사립학교
자격	2급 정교사 자격증+임용고시	2급 정교사 자격증
채용	공개채용-교육청에서 학교 발령	공개채용-원하는 학교 지원
임명	· 교장: 대통령이 임용 · 교사 · 교감: 교육부 장관이 임용	학교 법인 또는 경영권자
신분	공무원	공무원이 아님
근무학교	일정기간(4~5년)이 지나면 다른 학교로 재발령	퇴직할 때까지 한 곳에 계속 근무

근무 조건

　그렇다면 공립학교와 사립학교에서 일하는 교사의 급여에는 어떤 차이가 있을까? 결론적으로 말하면 차이가 없다. 몇몇 소수의 사립학교를 제외한 나머지 사립학교와 공립학교의 교사 급여에는 차이가 없으며, 다만 복지나 연금 등에서 차이가 난다. 여기에서는 공립학교에서 일하는 교사를 기준으로 급여나 수당 등 근무 조건에 대해 이야기하겠다.

　공립학교의 교사는 법으로 신분이 보호되는 공무원으로, 급여도 공무원봉급표의 교원 기준을 따른다. 교사의 월급은 호봉(유치원·초등학교·중학교·고등학교 교원의 기본급은 40단계, 즉 40호봉으로 나누어짐)에 따라 정해진다. 처음 교사로 발령을 받으면 학력, 경력 등을 고려해 호봉이 정해지는데, 매년 1호봉씩 올라간다. 1호봉씩 오를 때마다 4~10만원씩 월급이 많아지는데, 경력 초반에는 매년 4만 원가량 많아지다가 근무 햇수가 20년쯤 되면 1년에 10만 원가량 많아진다. 사립학교에서 일하는 교사의 경우에는 공무원은 아니지만, 같은 기준을 따른다.

　교사의 월급은 기본급에 수당을 합한 금액인데, 수당이란 일정한 기본급 이외에 수시 또는 정기적으로 지급되는 보수를 말한다. 교사가 받는 수당에는 여러 가지가 있다. 1년에 두 번 지급되는 정근수당, 설날과 추석에 지급되는 명절휴가비, 중고등학생 자녀가 있을 때 지급되는 자녀학비보조수당, 부모님을 모시거나 미성년 자녀가 있을 때 지급되는 가족수당, 시간외수당, 그리고 매달 지급되는 담임수당, 보직수당, 보전수당 및 가산금, 교직수당 및 가산금, 정액급식비, 교통보조비와 연말에 한 번 지급되는 성과금 등이 있다.

　교사는 여러 가지 사정으로 인해 휴직을 하게 되었을 때, 휴직 기간에도 월급을 받을 수 있다. 신체나 정신적 장애로 휴직을 했을 때는 기본급의 70%, 근무하다가 질병을 얻은 경우에는 기본급의 100%를 받는다. 유학이나 1년 이상 해외 연수를 할 경우에는 기본급의 50%, 임신·출산·육아의 이유로 휴직을 할 때는 기본급의 40%에 해당하는 수당(육아휴직수당)을 1년 동안 받는데, 수당 금액이 월 100만 원 이상이면 100만 원, 50만 원 이하면 50만 원을 받는다. 육아휴직수당은 총 지급액의 15%를 빼고 남은 금액을 지급하는데, 이는 복직 후 6개월 이상 근무하면 7개월째 되는 보수지급일에 합산하여 일시불로 받게 된다.

휴직 기간은 사례에 따라 다르다. 신체나 정신적인 장애로 요양이 필요한 경우에는 1년 이내, 외국 유학이나 해외 연수를 할 때는 3년 이내이나 학위를 받을 경우에는 다시 3년 이내에서 연장이 가능하다. 군 입대로 휴직을 할 경우에는 제대할 때까지, 가족을 간호해야 하는 경우는 1년 이내, 출산이나 육아를 이유로 휴직할 때는 남자는 1년, 여자는 3년 이내의 휴직이 가능하다.

교사는 퇴직을 할 경우에도 퇴직연금과 퇴직수당을 받을 수 있다. 퇴직연금은 20년 이상 교사로 일하고 퇴직할 경우 매달 200만 원 정도의 연금을 받을 수 있고, 20년 미만 근무한 교사는 매달 받는 연금 대신 퇴직할 때 한꺼번에 받을 수 있다. 또한 근무 햇수와 상관없이 별도의 퇴직수당을 받을 수 있는데, 이 수냥은 5년 단위로 많아진다. 퇴직을 한 교사는 차후에 교사로 다시 근무하고 싶으면 처음처럼 채용시험을 치러야 한다.

〈2021년 교원 봉급표(유치원 · 초등학교 · 중학교 · 고등학교)〉

〈월지급액, 단위: 원〉

호봉	봉급	호봉	봉급
1	1,656,000	21	3,156,200
2	1,706,200	22	3,272,700
3	1,757,000	23	3,388,300
4	1,807,700	24	3,504,000
5	1,858,900	25	3,619,700
6	1,909,900	26	3,735,900
7	1,960,300	27	3,857,000
8	2,010,600	28	3,977,900
9	2,061,700	29	4,104,300
10	2,117,500	30	4,231,200
11	2,172,100	31	4,357,600
12	2,228,000	32	4,483,800
13	2,329,400	33	4,612,100
14	2,431,300	34	4,740,000
15	2,533,100	35	4,868,000
16	2,635,100	36	4,995,600
17	2,735,900	37	5,106,700
18	2,841,400	38	5,217,800
19	2,946,400	39	5,329,200
20	3,051,300	40	5,439,800

교사의 호봉계산법

2급 정교사는 8호봉, 1급 정교사는 9호봉부터 시작해 매년 1호봉씩 올라간다. 일반대학의 교육계열 학과, 교육대학, 사범대학, 교원대학을 졸업한 교사는 1호봉 올려주는데, 여기에 특수학교 교사 자격증을 받아서 특수학교나 일반학교 특수학급에서 근무하면 2호봉 상승, 비사범계나 2년 이하 사범계 대학 졸업 후 특수학교 교사 자격증을 받아 특수학교나 일반학교 특수학급에서 근무하면 1호봉이 상승된다. 대학원에서 석사 또는 박사 학위를 받으면 수업 연수만큼의 호봉을 올려준다.

교사는 근무 방식에 따라 크게 전임 교사와 파트타임 교사로
나눌 수 있다. 전임 교사는 등교할 때부터 방과 후까지 해당
과목과 담임을 맡기도 하면서 학생들의 학교생활을 지도하고
챙기는 교사를 말한다. 파트타임 교사는 특정 과목이나 예능 특기
분야의 전문가로 정해진 시간에만 수업을 운영하는 교사이다.
전임 교사가 폭넓은 지식과 경험으로 학생들의 직접적인 멘토가
된다면, 파트타임 교사는 교과과정에 국한된 편협한 교육에서
벗어나 교양을 쌓거나 학생 개개인의 인성을 쌓는 전문적이고
다양한 수업을 운영하게 된다.

학교에는 일반 교사 외에도 교장이나 교감, 교무부장과
학년부장 등의 교원이 있는데, 교육청부터 시작되어 교장, 교감,
교무부장, 학년부장의 계단식 체계로 업무가 전달된다.
교무부장이나 학년부장과 같은 부장교사는 단지 행정 일을
담당하는 보직이라 할 수 있는데, 교사는 법에 의해 '교육'을
담당하게 되어 있고 원칙상 각종 학교 업무인 이른바 '교무'는
직원이 담당해야 한다. 하지만 그동안 우리나라는 직원을 충분히
채용하는 쪽보다는 교사에게 보직을 주어 교무를 처리하도록
하였는데, 이렇게 해서 생긴 것이 바로 부장교사다(초중등교육법
19조 3항). 최근에는 위에서 아래로 전달되는 운영체제가 아닌
교사들이 자신의 의견과 목소리를 주고받을 수 있는 민주적인
문화가 싹트고 있어 부장교사 제도를 폐지하자는 움직임이 일고
있다.

승진 체계

　일반 교사의 승진은 2급 정교사에서 1급 정교사를 거쳐 교감이
되고 교장이 되는 단계를 밟는다. 4년제 대학을 졸업하고 교사가
되면 2급 정교사가 되는데, 2급 정교사에서 1급 정교사까지는
경력과 자격 요건만 갖추면 모든 교사들이 승진할 수 있지만,
교감이나 교장은 다르다. 1급 정교사에서 교감으로 승진하는
비율은 약 6%로밖에 되지 않으며, 보통 정교사 취임 후
교장으로까지 승진하는 데는 약 20년 이상이 걸릴 만큼 어려운
일이다. 공립학교에서는 정교사가 교감을 거쳐 교장으로
승진하는 반면, 사립학교에서는 승진의 기회가 별로 없다. 단
정교사가 아니더라도 보건교사의 경우, 2013년 12월 개정된
초중등교육법에 따라 일정 교육 경력을 갖추고 소정의 재교육을
받으면 교감 자격을 취득할 수 있게 되었다.

〈교사의 승진 체계〉

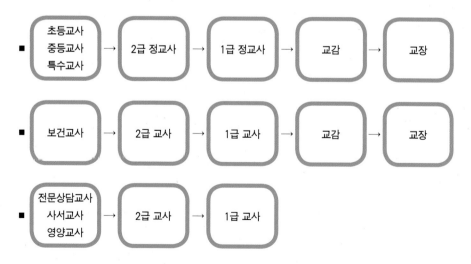

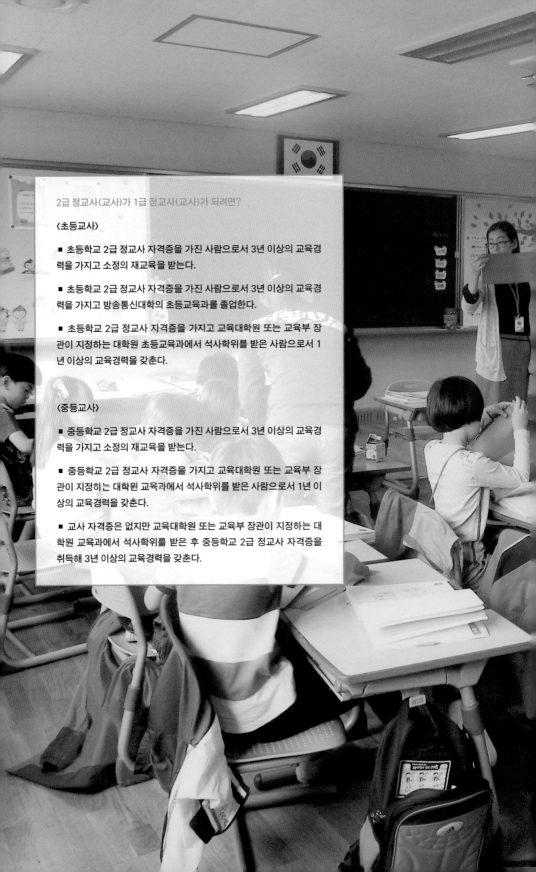

2급 정교사(교사)가 1급 정교사(교사)가 되려면?

〈초등교사〉

■ 초등학교 2급 정교사 자격증을 가진 사람으로서 3년 이상의 교육경력을 가지고 소정의 재교육을 받는다.

■ 초등학교 2급 정교사 자격증을 가진 사람으로서 3년 이상의 교육경력을 가지고 방송통신대학의 초등교육과를 졸업한다.

■ 초등학교 2급 정교사 자격증을 가지고 교육대학원 또는 교육부 장관이 지정하는 대학원 초등교육과에서 석사학위를 받은 사람으로서 1년 이상의 교육경력을 갖춘다.

〈중등교사〉

■ 중등학교 2급 정교사 자격증을 가진 사람으로서 3년 이상의 교육경력을 가지고 소정의 재교육을 받는다.

■ 중등학교 2급 정교사 자격증을 가지고 교육대학원 또는 교육부 장관이 지정히는 대학원 교육과에서 석사학위를 받은 사람으로서 1년 이상의 교육경력을 갖춘다.

■ 교사 자격증은 없지만 교육대학원 또는 교육부 장관이 지정하는 대학원 교육과에서 석사학위를 받은 후 중등학교 2급 정교사 자격증을 취득해 3년 이상의 교육경력을 갖춘다.

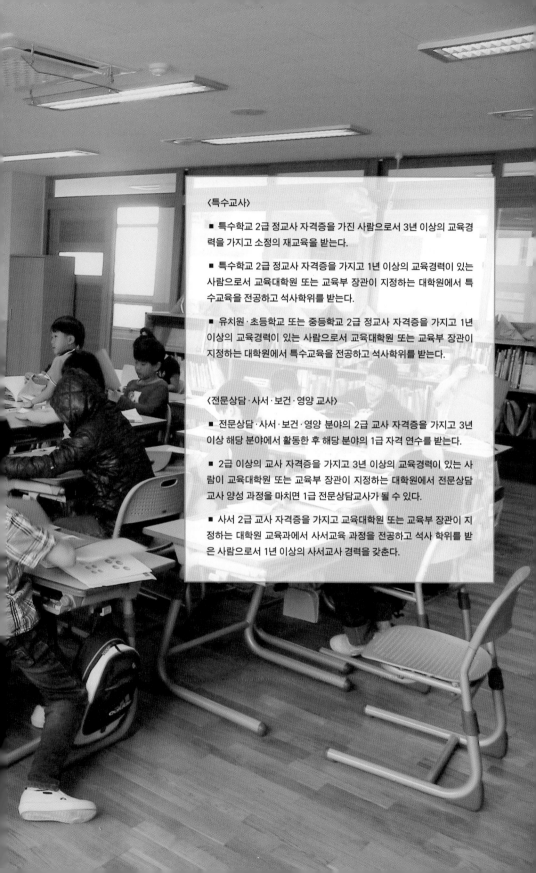

〈특수교사〉

■ 특수학교 2급 정교사 자격증을 가진 사람으로서 3년 이상의 교육경력을 가지고 소정의 재교육을 받는다.

■ 특수학교 2급 정교사 자격증을 가지고 1년 이상의 교육경력이 있는 사람으로서 교육대학원 또는 교육부 장관이 지정하는 대학원에서 특수교육을 전공하고 석사학위를 받는다.

■ 유치원·초등학교 또는 중등학교 2급 정교사 자격증을 가지고 1년 이상의 교육경력이 있는 사람으로서 교육대학원 또는 교육부 장관이 지정하는 대학원에서 특수교육을 전공하고 석사학위를 받는다.

〈전문상담·사서·보건·영양 교사〉

■ 전문상담·사서·보건·영양 분야의 2급 교사 자격증을 가지고 3년 이상 해당 분야에서 활동한 후 해당 분야의 1급 자격 연수를 받는다.

■ 2급 이상의 교사 자격증을 가지고 3년 이상의 교육경력이 있는 사람이 교육대학원 또는 교육부 장관이 지정하는 대학원에서 전문상담교사 양성 과정을 마치면 1급 전문상담교사가 될 수 있다.

■ 사서 2급 교사 자격증을 가지고 교육대학원 또는 교육부 장관이 지정하는 대학원 교육과에서 사서교육 과정을 전공하고 석사 학위를 받은 사람으로서 1년 이상의 사서교사 경력을 갖춘다.

교사가 하는 일

　교사의 주 업무 장소는 교실과 교무실이다. 장소가 교실이냐 교무실이냐에 따라 교사의 업무에 차이가 있는데, 구체적으로 살펴보도록 하자.

　먼저 교실에서 교사는 무슨 일을 할까? 가장 기본적인 업무인 교육, 즉 수업을 하는 것은 너무나 당연하다. 수업 말고도 교사가 교실에서 하는 일은 많다. 예를 들어 담임을 맡은 교사의 경우에는 자신이 맡은 학급의 운영에 관한 모든 일을 담당해야 한다. 따라서 학기 초에 교실 환경미화를 하는 것부터 학기 말에 생활기록부(봉사활동, 독서록, 행동발달특성, 자율활동 외)를 입력하는 것까지 시기마다 해야 할 일과 매일 해야 하는 조회, 종례, 급식지도, 청소지도, 학습지도, 생활지도, 아침독서지도, 지각생지도 등 수업 이외에도 많은 일을 해야 한다.

　학생에게 학교 안에서 학급이 하나의 가족 같은 단위라면, 담임교사는 그 학급의 부모와 같은 역할이다. 따라서 부모가 가정에서 자녀들과 가정을 돌보듯 담임교사는 학급에서 학생과 학급의 전반적인 일을 통솔하고 운영하는 역할을 한다.

　교사가 해야 하는 일 중에서 학생을 가르치는 교육 행위 외에 다른 많은 일들은 대부분 교무실에서 이루어진다. 주로 평가, 상담, 문서 작성 등 실무와 행정 업무가 주를 이루는데 과제 또는 시험문제 출제와 채점, 학생과 학부모의 상담, 교육에 관련된 문서나 행정업무를 처리하고 교육청이나 그 밖의 기관에서 요청한 일을 처리할 뿐 아니라 많은 교육활동과 관련된 업무를 처리한다. 한 달에 한 번 또는 일주일에 한 번 실시하는 교직원회의도 교무실에서 이루어진다.

연수제도

교사는 학생에게 다양한 지식과 정보를 제공해주어야 하는 지식 전달자로서 끊임없이 공부를 해야 한다. 새로운 정보를 얻고 깊이 있는 지식 연구를 해서 교육의 질을 높이고자 노력하는 교사를 위해 대학이나 연구원 등의 전문기관에서는 교사가 필요로 하는 교육을 시켜주는데, 이것을 교사연수라고 한다. 교사는 연수를 통해 강의를 듣고 시험을 봐야 하며 과제물을 제출해 평가를 받는다. 연수는 학생을 가르치는 데 도움을 주기도 하고 승진하는 데 중요한 역할을 하기도 한다. 이런 연수는 무료로 받는 경우도 있고, 교사가 개인적으로 수업료를 지불하는 경우도 있는데 이럴 때는 학교에서 일부를 지원해주기도 한다.

연수는 목적에 따라 크게 자격연수, 직무연수, 특별연수로 나뉜다. 자격연수는 특정한 교원의 자격을 취득하기 위한 연수로, 1급 정교사, 1급 교사, 교장, 교감이 되기 위해 반드시 거쳐야 한다. 신청 자격이 있는 사람 중에서 본인이 희망하면, 교육청에서 일정한 인원을 선발하여 교육을 시킨다. 주로 방학 기간을 이용해 30일 이상 총 180시간이 넘는 수업을 한다.

직무연수는 교육의 이론과 방법 및 직무 수행에 필요한 능력을 키우기 위한 연수로, 수업 종류에 따라 학교장이나 교육청에서 지정하여 수업을 받게도 하고 본인 스스로 신청해서 교육을 받기도 한다. 수업 과목이나 분야가 다양한 편이며, 수업 시간이나 시간은 연수의 종류에 따라 다르다.

특별연수는 국가 및 지방자치단체의 특별연수계획에 의하여 실시하는 연수로, 국내 또는 해외의 교육기관이나 연구기관에서 교육을 받으며 연수에 필요한 비용을 나라에서 지불한다 대신 공부한 기간만큼 의무적으로 교사 활동을 해야 한다. 예를 들어 해외에서 1년 동안 특별연수를 받았다면 귀국 후 1년 동안은 교사 활동을 해야 한다. 그렇지 않을 경우 연수에 지원받은 경비를 나라에 반환해야 한다.

이 밖에도 근무하는 학교에서 교육과 관계되는 강의나 연구 및

교사들끼리의 토론을 통한 학교연수활동이 있고, 교사 스스로
필요한 공부를 하는 자율연수도 있다. 자율연수의 의미를 법적
해석으로 보면 직무연수도 자격연수도 아닌 것으로, 교원 스스로
자신의 능력 개발을 위해 실시하는 것으로 법적 효능을 가지고
있는 연수는 아니라고 볼 수 있다. 하지만 자율연수라 하더라도
2012년 자발적 직무연수 경비 지원 계획에 따라 연수 전 소속
기관장의 승인을 얻어 실시하고, 실시 후 연수 결과에 대한
학교장의 승인이 있다면 학교별 직무연수 경비 지원 계획에 따라
경비를 지원받을 수도 있다.

교사의 권위

일명 '교권'이라고도 하는 교사의 권위는 교사가 학생들에게 가르침을 행할 때 중요시되는 기본 요소이다. 교육이란 교사와 학생과의 관계에서 성립되는 것이므로, 이 교권이 확립되느냐의 여부에 따라 교육의 성공과 실패가 좌우된다.

교사의 권위는 크게 직위상 권위와 전문지식의 권위, 형식적 권위와 실질적 권위로 나누어 볼 수 있다.

직위상의 권위는 교사에게 제도적으로 부여하는 권위로, 옳고 그름을 가려주는 중재자나 심판의 역할을 하는 걸 말한다. 전문지식의 권위는 교사 자신이 가르치는 교과에 정통한 지식을 갖고 있을 때 인정받게 되는 것으로, 지식 전달자로서의 권위다.

형식적 권위는 직위상의 권위로, 교사는 공인된 기준에 따라 전문지식의 권위자로 인정받아 학생을 명령, 통제할 수 있는 걸 말한다. 실질적 권위는 전문지식의 권위로, 교사가 전하는 지식의 가치를 학생들이 받아들여 교사와 학생이 동일시되는 것을 말한다.

교사가 학생들에게 지식전문가로서 존경과 신뢰를 받음으로써 학생들을 자기의 지도 밑에 자발적으로 따르게 하는 정신적인 힘이 교육적인 교사의 권위다. 이러한 교육적 권위가 구현되어야 교사는 학생의 자주적·능동적인 자기활동을 유발시키며 발전시키는 지도력을 발휘할 수 있게 된다. 최근 학생인권조례의 체벌을 금지하는 조항 등이 추가되고, 교사와 학생 사이의 불미스러운 사건들로 인해 '교권이 추락했다'는 이야기가 흔히 들려온다. 교사와 학생의 관계도 예전의 형식적인 공경보다는 마음에서 우러나는 교감이 중요한 시대가 되었다. 이전의 권위를 앞에 내세우던 교사들이 이제는 학생과의 교감에서 교권을 찾아야 하는 시대가 되었다.

업무상 장단점

어떤 직업이든 마찬가지겠지만, 교사도 업무상의 장점과 단점이 뚜렷한 직업이다. 먼저 교사라는 직업의 가장 특별한 점이자 장점은 방학이 있다는 것이다. 어느 직업도 교사처럼 일 년에 두 번씩 한 달이 넘는 방학을 가지는 경우는 없을 것이다. 교사는 방학 기간 동안 쉬면서 취미 활동이나 여가 생활을 즐길 수 있으며, 월급도 받을 수 있다. 그리고 가르치는 보람을 느낄 수 있다는 점도 큰 장점이다. 누군가에게 지식을 전달해 그 사람의 성장과 미래에 도움을 준다는 것은 보람된 일이다. 또한 하고 싶은 공부나 받고 싶은 교육을 연수를 통해 지원받을 수 있다는 것도 업무상의 큰 장점이 아닐 수 없다.

반면 단점은 교사의 역할이 많이 바뀜에 따라 업무 분야가 늘어나고 있다는 점이다. 과거에는 교사가 학생의 생활지도나 가정방문 등의 업무로 학생들과 친밀해질 수 있는 시간이 많았다면, 요즘은 처리해야 할 행정 업무가 늘어 학생에게 할애할 시간이 줄어들고 있다. 학생 교육을 최우선으로 삼아야 할 교사가 과중한 행정 업무에 치여 정작 본연의 업무에 소홀할 수밖에 없는 환경이 되어감에 따라 학교에 행정 담당 교원이 충원되어야 한다는 목소리도 나오고 있는 실정이다. 그리고 교사는 노력에 비해 그 공을 인정받지 못하는 직업이기도 하다. 만약 일반 기업의 직원이라면 노력을 통해 어떠한 성과를 이루게 되었을 때 승진을 하거나 그에 따른 포상을 받기도 하지만, 교사는 20년 이상 열심히 근무해야 그중 극소수만 교장이 될 수 있다는 점으로 볼 때 사회적 성취감이 떨어지는 직업이라고 할 수 있다. 이 밖에도 초등학교 교사의 경우에는 여러 과목을 혼자 가르쳐야 하기 때문에 근무 조건이 힘겨울 수 있고, 고등학교 교사의 경우에는 사춘기의 아이들을 가르쳐야 하는 이유로 학생들에게 권위가 서지 않아 힘든 경우도 있다. 하지만 이러한 업무상 단점보다 교사 개개인의 직업적 사명감과 긍지가 크기에 많은 교사들이 교육 현장을 지키며 학생들을 바르게 지도하고 있는 것이다.

교원자격증이란?

  교원자격증이란 학생을 가르치는 교사가 갖추어야 하는 기본적인 자격증으로, 대학 교수를 제외하고 모든 학교의 교원은 이 자격증을 소지하여야 한다. 교원자격증은 만 20세 이상으로 법에 정해진 결격 조건이 없고 일정한 자격을 가진 사람, 또는 교육부 장관이 실시하는 교원자격검정에 합격한 사람이 취득할 수 있으며, 교육부 장관이 수여한다. 현직 교원의 경우에는 연수 결과에 따라 각각 자격증을 취득할 수 있다.

  자격증의 종류는 초등학교, 중등학교, 기술학교, 특수학교, 유치원별로 정교사, 전문상담교사, 사서교사, 실기교사, 보건교사, 영양교사, 특수교사, 준교사, 교도교사, 방과후교사, 교장, 교감이 있다. 정교사는 전국의 유치원, 초등학교, 중등학교,

특수학교에서 교사로 근무할 수 있는 자격증을 가진 사람이다.
단, 국공립학교에서 교사로 근무하려면 정교사 자격증을 취득한
후 별도의 교원임용시험에 합격해야 한다. 정교사는 1급과
2급으로 구분되는데, 급수가 다르다고 해서 하는 일의 차이는
없으며 급여에서만 다소 차이가 난다. 대개 처음 교사 발령을
받으면 '2급 정교사' 자격이 주어지고 일정한 자격 요건을 갖추면
'1급 정교사'가 된다. 교사는 2급 정교사→1급
정교사→교감→교장으로 승진한다고 할 수 있다.

임용시험이란?

임용시험이란 국·공립학교 교사가 되기 위해 치러야 하는 시험을 말하며, 교원임용시험이라고도 한다. 교원임용시험은 임용권자인 각 관할 교육청의 교육감이 실시하며, 국·공립 유치원, 초등학교, 중등학교, 특수학교의 교사가 되려면 반드시 임용시험에 합격하여 발령을 받아야 한다.

신규 채용 교원임용시험은 채용 예정직의 교원자격증(정교사 자격증)을 취득했거나, 이를 취득할 졸업예정자에게 응시 자격이 있다. 2013년에 교원임용시험이 개정되기 전까지는 시험이 총 3단계에 걸쳐 실시되었는데, 1차 시험에 합격한 사람만이 2차 시험에 응시할 수 있고, 2차에서 합격을 해야 3차 시험에 응시할 수 있었다. 그러나 2013년부터 제도가 바뀜에 따라 2단계로 바뀌었으며, 응시 자격 요건도 한국사능력검정시험 3급 이상 취득을 필수로 추가했다. 시험 방법은 필기시험과 심층면접, 교수·학습지도안 작성, 수업실연, 실기시험 등으로 구성된다. 필기시험은 선택형 혹은 논술형으로 실시되며, 필요한 학력과 능력을 평가한다. 실기시험은 예·체능 과목과 같이 실기 능력에 대한 평가가 필요한 경우에만 실시된다. 심층면접, 교수·학습지도안 작성 및 수업실연 등의 시험에서는 교사로서의 적성과 교직관, 인격, 소양을 평가함과 동시에 실제적인 교수 능력을 평가한다. 초등교사와 중등교사의 임용시험에 대해 좀 더 구체적으로 살펴보자.

〈초등교사 임용시험(특수교사 포함)〉

　초등교사 임용시험은 각 시·도 교육청별로 실시하며, 교육감이
주관한다. 전국 17개 시·도 지역의 초등교사 임용시험이 같은
날짜에 시행되기 때문에 여러 지역을 복수 지원할 수 없으며,
매년 모집 정원이 다르다.

　원서 접수 및 시험 일정은 해마다 다르지만, 보통 원서 접수는
매년 10월 중순에 5일간 이루어지며, 1차 시험은 11월, 2차
시험은 1월에 치러진다. 원서 접수는 각 시·도 교육청 홈페이지를
통해 할 수 있으며, 구체적인 시험 일정이나 장소 등 관련 사항도
각 시·도 교육청 홈페이지를 통해 확인할 수 있다.

　1차 시험 과목은 교직논술, 교육과정, 한국사로 총 3개
과목이며, 이 중 한국사는 한국사능력검정시험으로 대체된다.

　1차 시험에서 과목별로 만점의 40% 이상 득점자에 한하여,
1차 시험 성적과 대학성적 반영점수, 가산점 및 취업지원대상자
가점을 합산하여 성적이 높은 순으로 선발인원의 1.5배수를
뽑는다. 단, 특수학교 교사는 대학성적 반영점수나 가산점을
포함하지 않는다. 그리고 합격선에 동점자가 여럿일 경우에는

〈초등교사 임용시험 1차 시험 관련 정보〉

구분	1교시	2교시	3교시
과목명	교직논술	교육과정A	교육과정B
문항 수	1문항	22문항 (특수학교(초등) 교사의 경우 16문항 내외)	
배점	20점	80점	
시험시간	60분	70분	70분
비고	논술형 (원고지 1,200자 내외)	기입형+서술형	기입형+서술형

※ 2021년 초등교사 임용시험 기준

모두 합격 처리한다.

2차 시험은 1차 시험 합격자를 대상으로 시행되며, 2차 시험 과목에는 교직적성 심층면접, 교수·학습과정안 작성, 수업실연, 영어면접 및 영어수업 실연이 있다. 과목별 배점이나 문항 수, 시간 등 기타 세부 사항은 시험시행 공고 시 안내한다.

최종 합격자는 1·2차 시험 성적과 취업지원대상자 가점을 합산하여 성적이 높은 순으로 선발한다.

〈중등교사 임용시험〉

중등교사 임용시험은 초등교사 임용시험과 거의 같은 형식으로 시행된다. 각 시·도 교육청별로 실시하며 교육감이 주관하고, 여러 지역에 복수 지원할 수 없으며 매년 모집 과목과 정원이 다르다.

원서 접수 및 시험 일정은 해마다 다르지만, 보통 매년 11월부터 다음해 1월에 걸쳐 시행되는 편이다. 각 시·도 교육청 홈페이지를 통해 원서 접수를 할 수 있으며, 시험 일정이나 장소 등 관련 정보도 홈페이지를 통해 확인할 수 있다.

1차 시험 과목에는 교육학과 전공이 있는데, 교육학은 논술형으로 출제되며 전공은 기입형·서술형·논술형으로 출제된다.

1차 시험 과목의 1교시 교육학에서는 교육학개론, 교육철학 및 교육사, 교육과정, 교육평가, 교육방법 및 교육공학, 교육심리, 교육사회, 교육행정 및 교육경영, 생활지도 및 상담 등의 내용을 다루며 특수(중등)교사, 보건교사, 사서교사, 전문상담교사, 영양교사도 동일 적용된다. 2교시, 3교시 전공과목은 영어를 제외한 외국어 과목일 경우 해당 외국어로 출제된다.

1차 시험에서 과목별로 만점의 40% 이상 득점자 중에서, 점수가 높은 순으로 선발인원의 1.5배수를 뽑으며, 합격선에 동점자가 여럿일 경우에는 모두 합격 처리를 한다.

　2차 시험은 1차 시험 합격자를 대상으로 시행된다. 2차 시험의 교직적성 심층면접에서 교사로서의 적성, 교직관, 인격 및 소양에 관한 4문항이 출제되고, 교수·학습 지도안 작성에서 1문항, 수업실연에서 1문항이 출제된다. 또한 중등 외국어 과목은 해당 외국어로 실시된다. 2차 시험의 경우 과목별 배점이나 문항 수, 시간 등 기타 세부 사항은 시험시행 공고 시 안내하고 있으니 확인해보기 바란다.

〈중등교사 임용시험 1차 시험 관련 정보〉

구분	1교시	2교시		3교시	
과목명	교육학	전공A		전공B	
출제분야	교육학	교과교육학(25~35%), 교과내용학(65~75%)			
문항유형	논술형	기입형	서술형	기술형	서술형
문항 수	1문항	4문항	8문항	2문항	9문항
배점	20점	8점	32점	4점	36점
시험시간	60분	90분		90분	

※ 2021년 중등교사 임용시험 기준

초등교사가 되기 위해서는 기본적으로 전국의 교육대학교나 일반대학교의 초등교육과를 전공해야 한다. 그러면 초등학교 2급 정교사 자격증을 취득할 수 있는데, 이것만으로는 사립 초등학교 교사로 일할 수는 있지만 국공립 초등학교 교사로 일할 수는 없다. 국공립 초등학교의 교사가 되려면 초등학교 2급 정교사 자격증을 취득한 후, 각 시·도 교육청에서 매년 실시하는 교원임용시험에 응시하여 합격해야 한다. 전국의 교육대학교와 초등교육과가 설치되어 있는 일반대학교를 알아보고 그곳에서는 어떤 것들을 배우게 되는지 살펴보자.

교육대학교

　교육대학교는 초등교사 양성을 목적으로 설립한 국공립
대학교를 말한다. 역사를 살펴보자면, 초등교사의 자질 향상을
위하여 종전에 고등학교 수준이었던 사범학교를 1962년에 2년제
교육대학으로 개편하였고, 1981년에 다시 4년제로 개편해 교육
기간을 연장하였으며, 1992년에 이르러서야 오늘날의
교육대학교라는 개념이 정립되었다. 교육대학교는 서울교대,
경인교대, 공주교대, 광주교대, 대구교대, 부산교대, 전주교대,
진주교대, 청주교대, 춘천교대 등 전국에 열 곳이 있다.
　교육대학교의 교육과정은 일반교양교과와 교직교과로
운영되며, 실제로 교육을 연구하고 실습하기 위하여 초등
부설학교를 두고 있다. 교육대학교를 졸업하면 대통령령에 따라
초등학교 2급 정교사 자격증이 수여되며, 졸업 후에는 법정기간
동안 교육기관, 교육연구기관, 교육행정기관에 종사하여야 할
의무를 진다. 교육대학교도 일반대학처럼 학과가 나누어져
있기는 하지만, 전 과목을 가르쳐야 하는 초등교사의 특성상 각
학과를 전공하면서도 다른 과목들을 모두 공부해야 한다.
여기에서는 교육대학교에 개설된 대표적인 학과들과 학과에서
어떤 것들을 배우는지 대략적으로 살펴보자.

〈윤리교육과〉

　윤리교육과는 미래의 초등학교 교사로서 도덕 교육을
효과적으로 할 수 있는 능력을 길러주는 것을 목표로 삼고 있는
학과로, 도덕 과목을 담당하기 위한 전문적인 지식과 자질,
품성을 갖추는 데 주안점을 두고 있다. 윤리교육과의 교육과정은
크게 도덕 교육 강좌와 철학 강좌를 중심으로 이루어져 있다.
도덕 교육 강좌는 초등학교 도덕과 교육과정, 도덕성 발달과 교재
연구, 도덕과 수업 연구와 평가 방법 등으로 이루어지며, 철학
강좌는 기초적인 동서양의 철학적 고전과 사상 등으로

이루어진다. 이들 강좌는 학생들이 알기 쉽도록 그 핵심 내용과
의의 및 생활에의 적용 방법을 가르친다.

교과내용은 윤리학, 민주주의론, 동양윤리사상, 윤리적 사고와
도덕적 교육, 한국윤리와 성리학, 한국윤리사상, 생활예절교육,
초등도덕과 수업연구, 북한과 통일론, 국제관계와 윤리,
초등도덕과 교재연구, 어린이철학, 근현대 정치윤리사상 등을
다루며 각 학교마다 약간의 차이가 있다.

〈국어교육과〉

국어교육과는 미래의 초등학교 교사로서 국어과 교육의
체계를 이해하고 효과적인 교육 방법을 체득하는 것을 목표로
삼고 있는 학과이다. 교육과정은 국어교육론 강좌와 교육과정의
내용 영역에 따른 심화 강좌로 이루어져 있다. 국어교육론
강좌에서는 국어 교육에 대한 체계적이고 전문적인 지식과
쟁점들을 습득할 수 있도록 국어과 교육의 성격과 목표, 교육과정
내용과 교재, 학습 방법과 평가들을 다루며, 심화 강좌에서는

문법교육론, 문학교육론, 읽기, 쓰기 교육론, 듣기와 말하기
교육론 등을 가르친다. 또한 교과 관련 활동을 보완하기 위해
국어를 둘러싼 문화적 감수성을 기를 수 있도록 다양한 방안들을
마련하고 있는데 교육연극 강좌나 아동문학 작가들의 강연을
듣기도 하고 답사를 통해 폭넓은 지식들을 쌓음으로써
언어활동의 실제를 최대한 경험하도록 학교마다 다양하고
창의적인 프로그램을 운영한다.

교과내용은 국어학개론, 한국고전문학사, 국어문법론,
국어음운론, 초등국어과교육실습, 아동문학론, 언어교육론,
국문학사, 문학교육론, 시조교육론, 작문교육론, 교육연극론 등을
배우며 학교마다 차이가 있을 수 있다.

〈사회과교육과〉

사회과교육과는 미래의 초등학교 교사로서 사회과 교육을
효과적으로 할 수 있는 능력을 길러주기 위한 학과로, 사회
현상을 이해하고 민주시민으로서의 자질을 육성하는 데
주안점을 두고 있다. 교육과정은 크게 사회과교육 강좌와 인문,
사회 현상에 관한 탐구 강좌로 구성되어 있는데, 사회과교육
강좌로는 초등사회과교육 및 사회과 교육과정과 교수법 관련
강좌가 있다. 인문, 사회 현상에 관한 탐구 강좌로는 국사와
세계사, 지역지리와 계통지리, 정치·경제·사회·문화 현상에 관한
강좌가 있다. 초등 사회과 교육에 관한 교과 이론 및 실천에 대한
과학적 연구를 습득하기 위해 역사답사와 현장견학을 하고
국내외의 저명한 인사들을 초빙하여 대외 학술 교류행사 등
양질의 초등교육을 위해 다양한 교육 프로그램을 실시한다.

교과내용은 역사교론론, 사회과학방법론, 한국근현대사,
민주시민생활과 법교육, 지리실습, 경제학특강, 한국헌법교육론,
한국경제론, 사회과 교재연구, 사회과 사료제작, 현장학습 등이
있으며 각 학교마다 차이가 있을 수 있다.

〈수학교육과〉

　수학교육과는 초등 수학의 교육내용을 이해하고 분석을 통해 수학을 창의적이고 전문적으로 가르칠 수 있는 능력을 길러주는 것을 목표로 하는 학과이다. 교육과정은 교양과정과 전공과정으로 이루어지는데, 교양은 수학이라는 학문의 기본적 의미를 이해하는 수학의 기초를 말하며, 전공은 수학교육학 이론과 실제를 다루는 교과교육학과 도형과 수학사, 확률과 통계, 초등 수학교육과정, 정수론, 초등 수학연구방법, 초등 수학평가, 수학 학습심리학, 수학 교수학습, 수학수업연구로 구성된 심화과정이 있다.

　교과내용은 확률과 통계, 대수학개론, 미적분개론, 기하학개론, 수학교육사, 수학적발견술, 초등수학교육론, 영재·부진아 수학교육, 초등도형·측정교육연구, 수학학습심리 등이 있으며 각 학교마다 차이가 있을 수 있다.

〈과학교육과〉

　과학교육과는 초등 과학의 교과 내용을 이해하고 잘 가르칠 수 있는 능력을 길러주는 것을 목표로 하는 학과이다. 초등교사로서 과학 교육 지도를 위한 소양을 갖추기 위해 과학 교육에 대한 기본적인 원리와 교육과정을 이해하게 하고, 현장실습을 통해 이를 습득하게 한다. 교육과정은 물질영역, 에너지영역, 생명영역, 지구영역을 중심으로 교양 강좌와 교과교육학 및 실제와 각 영역의 교재연구나 탐구지도 등으로 이루어지는 심화 강좌로 나뉜다. 또한 과학 교육의 기본이 되는 물리, 화학, 생물 및 지구과학 분야의 기초적인 내용과 탐구를 다루고, 보다 심화된 내용들은 분야별로 선택하여 다룬다.

　교과내용은 생물학, 초등물리교육, 초등지구과학교육, 초등생명과학교육, 초등화학교육, 천체관측, 지층과 암석,

과학지도연구, 유기화학 및 실험, 생리학실험, 지질학실험,
전자기학실험, 초등과학 학습지도법 등 다양하며 각 학교마다
차이가 있을 수 있다.

〈체육교육과〉

　체육교육과는 초등학교의 체육을 가르칠 수 있는 지도자
양성을 목적으로 하는 학과이다. 초등학교 체육 교육에 필요한
기초적인 이론과 다양한 실기 능력을 길러줄 뿐만 아니라 나아가
체육의 전문적인 지식과 기능을 익혀 체육지도자로서 소양을
갖추도록 지도한다. 육상, 체조, 수영, 구기, 무용 등 다양한 실기
종목을 지도하고 보건학, 체육교육학, 체육심리학, 운동생리학,
체육연구법, 체육 측정 및 평가 등과 같은 체육학 분야의 다양한
이론도 공부한다. 초등학생들에게 체육활동의 시작이자 평생에
걸친 체육과 스포츠의 기초가 될 수 있는 초등학교 체육의
교육적인 의미를 인식시키고, 각종 스포츠를 통해 강인한 체력과
건전한 사고, 바람직한 품성을 갖춘 예비 교사를 기르기 위하여

지도한다.

교과내용은 초등체육교육과정과 수업론, 운동학습과 발달론, 체육교육사, 체조, 육상, 무용, 구기, 계절운동(수영, 스키), 스포츠심리학, 스포츠생리학, 스포츠교육학, 스포츠철학, 스포츠사회학 등을 공부하며 각 학교마다 차이가 있다.

〈음악교육과〉

음악교육과는 초등학교 현장에서 음악을 지도할 수 있는 다양한 능력과 기량을 갖춘 전문적인 인재 양성을 목표로 한 학과이다. 교육과정은 교양과정에 해당하는 음악의 기초이론과 전공과정에 해당하는 교과교육학 이론과 실제, 국악 및 서양 음악 실기, 심화과정에 해당하는 교수법과 영역별 학습지도 방법 등의 교과로 구성되어 있다. 초등 음악교사로서 갖추어야 할 음악 실기 능력을 기르고 교과지도 능력을 개발하는 데 중점을 두고 유능한 초등교사로서의 자질을 높이기 위하여 오르간 실기, 기악 실기, 국악 실기를 비롯하여 성악, 피아노, 관현악, 국악, 작곡, 컴퓨터음악을 비롯하여 폭넓은 음악 영역의 교육연구를 실시한다. 자연스럽게 감수성을 기르고 창의적인 사고를 익히게 하며 두뇌 발달에도 영향을 미치는 음악 교육의 중요성을 인식하고 다양한 방법을 활용하면서 창조적인 음악 수업을 계획, 지도할 수 있는 능력을 키운다.

교과내용은 초등음악교육론, 작곡실기, 음악개론, 통합음악이론, 합창지도법, 국악지도법, 기악실기, 합주, 피아노실기, 성악실기, 동요작곡, 디지털피아노, 음악교육심리, 음악사 등을 공부하며 각 학교마다 차이가 있을 수 있다.

〈미술교육과〉

　미술교육과는 초등학교 현장에서 미술을 지도할 수 있는
자질과 역량을 키워 어린이 미술교육 전문가를 양성하는 데
목표를 둔 학과이다. 미술교육과에서는 기본 교육인
교과교육과정과 미술사, 미술교육론, 아동미술교육연구,
조형교육연구 등 미술교육의 이론적 체계를 배운다. 또한
심화과정으로 미적체험, 표현, 감상활동 영역을 중심으로 다양한
미술활동을 통한 교육이 이루어지는데 소묘, 한국화, 서양화,
디자인, 공예, 조소, 서예 영역에 대한 실기를 다루게 된다.
미술교육과에서는 미술교육이 아이들의 인성이나 창의성을
발달시키고, 예술적 표현 능력을 길러주기도 하며, 정신적인
안정과 심리치료 효과도 주는 등 아동 교육에 끼치는 중요성을
인식하고, 전문적이고 창의적인 방법으로 미술 교육을 할 수 있는
인재를 키워낸다.

　교과내용은 미술교육론, 초등회화교육, 초등디자인,
초등서예교육, 초등조소교육, 미술교육방법론, 시각문화,
초등공예, 유화, 수묵화, 소묘, 판화, 서양미술사, 한국미술사,
미술교재개발, 미술감상, 미술의 이해 등을 공부하며 각 학교마다
내용의 차이가 있을 수 있다.

〈생활과학교육과(실과교육학과)〉

　생활과학교육과는 일상생활에 필요한 실과교과를 초등학교
교육 현장에서 효과적으로 지도할 수 있도록 이론과 실기 능력을
길러주는 것을 목적으로 하는 학과를 말하는데, 학교에 따라
명칭이 실과교육학과로 불리기도 한다. 진취적이고 실천적인
노작 경험을 통해 일상생활에 필요한 기초 기능을 익히게 하는 데
목적을 두고 있으며, 교육과정은 아동의 발달에 대한 이해를
바탕으로 가정학, 기술학, 농업생명과학의 학문적 체계를

종합적으로 다루고 있다.

　교과내용은 초등실과 교육방법, 식품과 영양, 의생활관리,
조리과학과 실습, 환경원예, 패션디자인 및 실습, 영양과
식생활교육, 인테리어, 가족과 주거생활, 애완동물사육 등의
공부를 하며 학교마다 차이가 있다.

〈초등교육과(교육학과)〉

　초등교육과는 초등교육을 위해 유능한 예비 교사를 기르는
것을 목적으로 하는 학과로, 교육학에 관한 이론을 토대로 삼아
실제 교육현장에서 준비된 교사로서 제 역할을 충분히 발휘할 수
있도록 가르친다. 아동의 심리적 특성, 정서 발달, 사회적 특성을
연구하고 교육의 과정, 교육 환경에 대한 폭넓은 이해를 통해
최대한의 교육 효과를 거둘 수 있도록 교육한다. 또한
초등학교에서의 교육현상을 체계적으로 탐구하기도 하는데,
교육철학, 교육사, 교육사회학, 교육행정학, 교육심리학,
교육과정 및 수업 등을 탐구함으로써 교육적 안목을 넓히고
교육현장에서의 문제 해결과 교육 발전에 기여할 능력을 갖추게
한다. 이 밖에도 교육학과에서는 학교현장 탐방, 교육기관 방문,
교육유적 탐방 등 교육답사 활동을 실시하여 교육현장에 대한
이해의 폭을 넓히고, 우리 교육에 대한 역사적 안목과 식견도
갖추게 한다.

　교육내용은 평생교육론, 교육학, 초등교육의 역사,
교수학습이론, 교육연구법, 학급경영문제 연구, 교육사상가연구,
교육행정, 초등교육과 문화, 현장교육연구, 인지심리,
초등교과교육론, 교육통계 등이 있으며 각 학교마다 배우는
과목의 차이가 있을 수 있다.

<영어교육과>

  영어교육과는 국제적인 의사소통 수단인 영어 능력을 기르고
국제적인 감각을 갖춘 경쟁력 있는 유능한 초등교원을 배출하는
데 목표를 둔 학과이다. 따라서 기본적으로 영어 능력 향상을
위해 듣기, 말하기, 쓰기, 읽기 수업을 하고 있으며, 실생활에서
사용 가능한 실용적인 영어 능력을 기르기 위하여 생활영어,
영어회화 수업, 교실영어 등 다양한 교수법과 교재연구를 한다.
  초등학생에게 영어는 모국어가 아닌 처음 접하는 언어이므로
초등학생에게 영어를 가르치는 교사의 양성은 매우 중요하다.
때문에 정확한 발음 체계와 문법 및 구문을 가르치고, 학생들에게
다양한 교수법 접근을 하고 있다. 각 학교에서는 학생들의 실용
영어 능력 강화를 위해 영어웅변 및 동화구연, 영어연극대회,
영어전문도서관 운영 등 다양한 방법을 제공해 학생들의 실용
영어 능력 향상에 도움을 주고 있다.
  교과내용은 초등영어교사교육론, 초등 영어 읽기·쓰기,
초등영어 듣기·말하기, 초등영어문화지도, 초등영어 발음지도,
영어작문, 미디어영어, 영어 어휘의 이해, 초등영어수업의 실제
등이 있으며 각 학교마다 차이가 있다.

<컴퓨터교육과>

  컴퓨터교육과는 학교 교육이 정보화됨에 따라 컴퓨터를
활용한 새로운 학습 방법을 개발하고 지도할 수 있는 유능한
교사를 양성하는 것을 목표로 하는 학과이다. 따라서 프로그래밍
교육, 멀티미디어, 네트워크, 인터넷, 컴퓨터 교육방법론, 컴퓨터
교육교재 연구, 데이터베이스 등 컴퓨터 교육에 필요한 이론을
탐구하고 실습하여 컴퓨터의 원리를 가르치고, 컴퓨터 운영
능력의 습득 및 컴퓨터를 활용한 효과적인 지도 방법 등을
가르친다. 이런 강의를 통하여 장차 초등학생들에게 첨단 기술에

대한 이해도를 높이고, 첨단 기술을 초등학교 교육에 적용하여
교육의 효과를 극대화할 수 있다. 그리고 최근에는 전통적인
컴퓨터 교육뿐만 아니라 로봇, 인터넷 방송 등의 첨단 기술들을
교육에 접목하는 다양한 실습 및 교육을 실시하고 있다.

교과내용은 교육과 컴퓨터, 컴퓨터프로그래밍언어,
초등이산수학, 애니메이션 데이터 제작, 컴퓨터 테크놀로지
활용교육, 웹기술과 응용, 정보통신윤리의 이해, 컴퓨터
교수방법론 등이 있으며 각 학교마다 차이는 있을 수 있다.

〈유아교육과 · 특수교육과〉

유아교육과는 유아교육과 초등교육을 연계하여 시도하는
과정에서 필요한 지식을 가르치는 학과로, 특히 초등학교
저학년을 대상으로 한 교수법을 배운다. 특수교육과는 특별한
관리가 필요한 아동을 교육할 수 있는 유능한 교사를 양성하는
학과로, 영재나 장애아의 특성을 이해하고 이들을 효과적으로
가르치는 방법에 대해 배운다. 유아교육과와 특수교육과는

학교에 따라 통합되어 있는 곳도 있고 분리되어 있는 곳도
있는데, 둘 다 아동발달과 심리학을 바탕으로 접근한다는 면에서
일맥상통하기도 한다. 특히 영재성 및 발달장애 징후는 조기
발견과 교육이 중요한데, 이는 이 시기에 교육을 얼마나 잘
했느냐에 따라 청소년기나 성인기의 교육에 미치는 영향이 크기
때문이다. 따라서 유아교육·특수교육 교사의 역할이 더욱
중요하다 할 수 있다.

교과내용을 살펴보면, 학과의 통합, 분리 여부에 따라 다르지만
유아교육과정, 아동과 가족, 유아교육사상, 부모교육, 유아교육의
역사와 철학, 놀이의 이해와 교육, 영재아 판별 및 영재교육,
장애아교육, 정신지체아교육, 특수통합교육의 이해, 심리측정,
아동정서, 행동장애의 이해와 교육 등 유아교육과 특수교육을
전문으로 하는 공부를 한다.

〈전국의 교육대학교와 개설학과〉

교육대학	개설학과
경인교육대학교	윤리교육과, 국어교육과, 사회과교육과, 수학교육과, 과학교육과, 체육교육과, 음악교육과, 미술교육과, 생활과학교육과, 컴퓨터교육과, 교육학과, 특수통합교육학과, 유아교육과, 영어교육과
공주교육대학교	국어교육과, 윤리교육과, 사회과교육과, 수학교육과, 과학교육과, 체육교육과, 음악교육과, 미술교육과, 실과교육과, 교육학과, 영어교육과, 컴퓨터교육과
광주교육대학교	윤리교육과, 국어교육과, 사회과교육과, 수학교육과, 과학교육과, 체육교육과, 음악교육과, 미술교육과, 실과교육과, 교육학과, 영어교육과, 컴퓨터교육과, 특수·통합교육과
대구교육대학교	윤리교육과, 국어교육과, 사회과교육과, 수학교육과, 과학교육과, 체육교육과, 음악교육과, 미술교육과, 실과교육과, 교육학과, 영어교육과, 컴퓨터교육과, 특수통합교육과
부산교육대학교	윤리교육과, 국어교육과, 사회교육과, 수학교육과, 과학교육과, 체육교육과, 음악교육과, 미술교육과, 실과교육과, 교육학과, 유아교육과, 영어교육과, 컴퓨터교육과
서울교육대학교	윤리교육과, 국어교육과, 사회과교육과, 수학교육과, 과학교육과, 체육교육과, 음악교육과, 미술교육과, 생활과학교육과, 초등교육과, 영어교육과, 컴퓨터교육과, 유아·특수교육과
전주교육대학교	윤리교육과, 국어교육과, 사회교육과, 수학교육과, 과학교육과, 실과교육과, 음악교육과, 미술교육과, 체육교육과, 초등교육과, 영어교육과, 컴퓨터교육과
진주교육대학교	도덕과교육과, 국어교육과, 사회과교육과, 수학교육과, 과학교육과, 체육교육과, 음악교육과, 미술교육과, 실과교육과, 교육학과, 영어교육과, 컴퓨터교육과
청주교육대학교	윤리교육과, 국어교육과, 사회과교육과, 수학교육과, 과학교육과, 체육교육과, 음악교육과, 미술교육과, 실과교육과, 초등교육과, 영어교육과, 컴퓨터교육과
춘천교육대학교	윤리교육과, 국어교육과, 사회과교육과, 수학교육과, 과학교육과, 체육교육과, 음악교육과, 미술교육과, 실과교육과, 교육학과, 영어교육과, 컴퓨터교육과

　　교육대학교를 졸업하지 않고도 초등학교 교사가 되는 방법이
있는데, 바로 일반대학의 초등교육과를 졸업하는 것이다.
우리나라에서는 이화여대, 한국교원대, 제주대에서
'초등교육과'라는 이름으로 초등교사의 양성이 이루어지고 있다.
초등교육과를 졸업하면 교육대학교 졸업생과 마찬가지로
초등학교 2급 정교사 자격증을 취득할 수 있으며,
교원임용시험을 통해 국공립 초등학교 교사가 될 수 있다.
여기에서는 사범대학에 초등교육과가 개설되어 있는 이화여대와
제주대에 대해서 좀 더 자세히 살펴보겠다. 초등교사뿐만 아니라
중등교사를 함께 양성할 수 있는 한국교원대에 대해서는 나중에
별면에서 따로 다루고 있으니 참고하자.

〈이화여대〉

　　이화여대 초등교육과는 우리나라의 초등 교원을 대학
수준에서 최초로 양성한 학과로, '창조적인 생각으로', '아이를
사랑하는 마음으로', 앞으로 한국 교육을 이끌어 갈 초등 교사를
양성하는 데 목적을 두고 있다. 교육목표는 교육은 무엇인가에
관한 자기 스스로의 교육관을 기르고, 초등교육의 전문성을
기르며, 전문인으로서의 초등교사의 모습을 만들어가기 위해
노력하고, 초등교사가 된다는 것의 다양한 의미를 생각하는 것에
두고 있다. 종합대학이라는 특성에 따라 광범위한 교양과목
선택을 통해 다양한 공부를 할 수 있고, 복수전공으로 유아 및
중등 교사 자격증도 취득할 수 있으며, 대학원 과정을 통해 깊이
있는 학문 연구도 가능한 장점이 있다.
　　교과과정을 살펴보면, 아동발달과 교육, 아동교육강해,
초등교육론, 초등체육교육 및 실기, 초등학교학급문화 및 경영,
초등과학기초이론, 초등국어기초이론, 초등사회기초이론,
초등컴퓨터교육, 초등과학교육방법, 초등국어교육방법,

초등사회교육방법, 초등음악교육 및 실기, 초등미술교육 및 실기,
초등교육과정, 초등수학기초이론, 초등실과교육, 초등종교 및
도덕기초이론, 초등영어기초이론, 초등수학교육방법,
통합교육과정, 아동문학, 학급경영, 초등교육이론 및 실제,
사후교육실습 등으로 초등학교 교육의 전반적인 교과를 다루어
초등학교 교사로서의 기본 이론과 실기를 갖추도록 한다.

〈제주대〉

　제주대 초등교육과는 2008년 제주교대가 제주대학교에
통합되며 만들어졌다. 제주교대를 종합대학인 제주대의 독립
단과대학으로 편성해 초등윤리교육전공, 초등국어교육전공,
초등사회과교육전공, 초등수학교육전공, 초등과학교육전공,
초등체육교육전공, 초등음악교육전공, 초등미술교육전공,
초등실과교육전공, 초등교육학전공, 초등영어교육전공,
초등컴퓨터교육전공으로 나눔으로써, 교육대학교의 체제를
그대로 갖추고 있으면서도 일반대학교에 속해 있다는 특성이
있다. 학과별 교육 내용은 교육대학교의 각 학과 교과내용과
흡사하다.

공립학교와 사립학교

교육부 통계에 따르면, 전국의 초등학교 중 사립학교는 74개뿐으로 전체 비율 중 약 1%밖에 되지 않으며, 대부분의 초등학교는 공립학교이다.(2020년 기준 전국의 초등학교 6,120개 중 사립학교는 74개로 약 1.2%에 해당한다. 이 중 서울시는 초등학교 607개 중 사립학교가 39개로 약 6.4%에 달해 전국 최고 수치다.) 따라서 초등학교 교사가 되려면 교육대학교나 일반대학의 초등교육과를 졸업하고 반드시 교원임용시험에 응시해 합격하는 것이 중요하다.

공립학교와 사립학교 교사의 업무는 크게 다를 것이 없지만, 그 밖의 것들에서 차이가 난다. 먼저 근무지에 대해 비교해보자. 공립학교의 교사는 5년마다 다른 학교로 옮겨가야 하기 때문에 한 곳에서 오랫동안 안정된 근무를 할 수 없다. 반면 사립학교의 교사는 자신이 원하는 학교에 지원해 합격하면 특별한 문제가 있지 않은 이상 한 곳에서 계속 머물며 아이들을 가르친다. 교육내용에서도 차이가 있는데, 중·고등학교에 비해 공립과 사립의 차이가 큰 편이다. 국공립학교는 국가교육과정에 따른 정규교과 중심으로 교육을 운영하는 반면 사립은 국가교육과정에서 선택적으로 일부 차별화된 수업내용과 특기적성교육을 자체적으로 실시하는 형식으로 각 학교의 특성에 따라 자율화되어 있다. 또한 교원 채용 방식에서도 차이가 난다. 공립학교는 임용시험에 합격하면 교육청에서 근무할 학교를 정해 발령을 내려주지만, 사립학교는 공개 채용한다. 사립초등학교 교사가 되기 위해서는 임용시험을 따로 봐야 하는 것은 아니지만, 각 학교에서 개별적으로 실시하는 시험이나 채용 과정을 거쳐야 한다.

〈공립초등학교와 사립초등학교의 교과운영 및 수업료〉

구분	공립	사립
교과	■ 7차 교육과정 개정 정규교과과정 운영	■ 특기적성교육 일부를 정규교과에 편입 ■ 예체능을 의무 편성하는 경우 많음
영어	■ 3학년부터 교육 ■ 원어민 교사 없는 곳이 많음	■ 대부분 1학년부터 교육 ■ 원어민 교사 및 어학실 구비 ■ 일부 학교는 교과를 영어로 가르치는 영어몰입교육 실시
학비	■ 입학금·등록금 없음 ■ 급식비 월 3만 원 정도(지역별 차이가 있음) ■ 희망자에 한해 특기적성교육비 (2~6만 원)	■ 입학금 50~100만원 ■ 등록금 분기당 70~170만원 ■ 통학버스비 분기당 평균 20만원

※출처: 학교정보공시·학교알리미

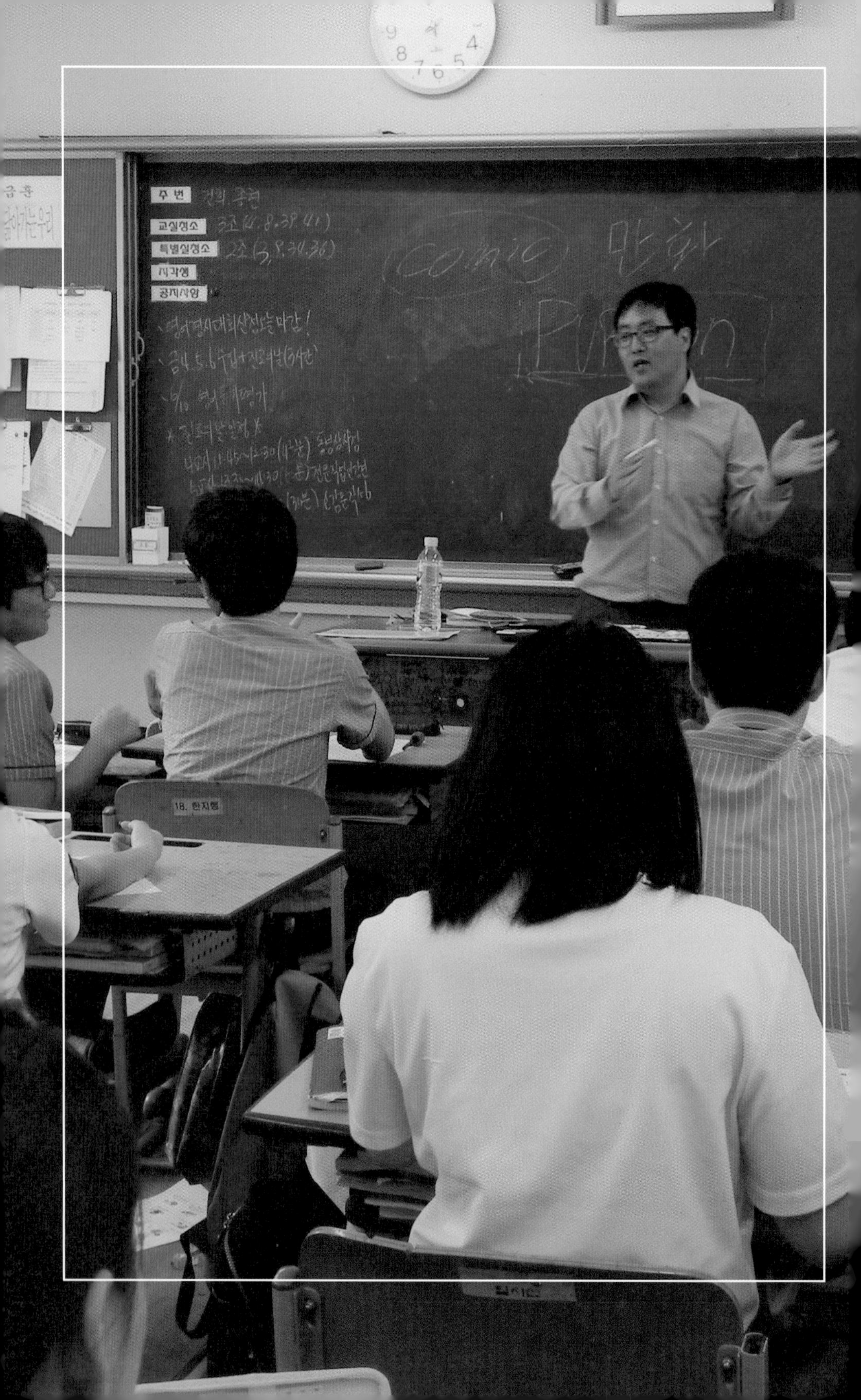
주 번
교실청소
특별실청소
지각생
공지사항
COMIC
만화

03

중·고등교사 즉 중등학교 교사가 되기 위해서는 사범대학이나 일반대학교의 교육학과, 한국교원대학교를 졸업하거나 일반대학교나 교육대학원에서 교직 이수를 하는 방법이 있다. 성적은 전공과목 평균 75점 이상이어야 하고 교직과목은 80점 이상을 받아야 한다. 그러면 중등학교 2급 정교사 자격증을 취득힐 수 있는데, 이깃민으로는 사립 중등학교 교시로 일할 수는 있지만 국공립 중등학교 교사로 일할 수는 없다. 국공립 중등학교의 교사가 되려면 중등학교 2급 정교사 자격증을 취득한 후 각 시·도 교육청에서 매년 실시하는 교원임용시험에 응시하여 합격해야 한다. 중등교사가 되기 위한 방법을 좀 더 구체적으로 살펴보자.

사범대학

사범대학은 중·고등학교 교사 양성을 목적으로 하는
종합대학교 내의 단과대학으로, 옛날의 경성사범학교와
경성여자사범학교가 1946년에 서울대학교 사범대학으로 승격된
것이 그 시초이다. 현재 대부분의 국립 종합대학교와 고려대,
건국대, 경희대 등을 비롯한 대부분의 사립 종합대학교에
단과대학으로 설치되어 있으며, 다양한 학과에서 미래의
중·고등학교 교사를 양성하기 위해 교육하고 있다. 수업연한은
4년으로, 목표하는 분야에 따라서 각 과목별로 학과가 나뉘어져
있다. 4년간 교육학을 비롯한 교직과정, 선택한 전공 지식, 교과
교육론과 교양 강의를 수강한다. 해당 전공, 교육학, 그리고 선택
전공에 대한 교육학까지 이 세 가지를 같이 배운다고 생각하면
된다. 사범대학이 있는 전국의 대학교를 알아보고, 각 학교마다
차이는 있지만 대표적으로 개설되어 있는 학과에 대해 좀 더
자세히 살펴보자.

〈교육학과〉

교육학과는 교육학 전반에 대한 이론과 원리를 연구하여
창의력과 지도력을 갖춘 중등교사를 양성하는 데 목표를 둔
학과이다. 교육의 실제나 정책을 철학적, 역사적, 과학적
관점에서 적절한 방법을 동원하여 비판적으로 분석하고, 이해할
줄 아는 지적 훈련을 하며, 교육 행위와 현상에 관한 학문적
탐구를 기본으로 교육 기술을 개발·도모하고 교사 교육을 위한
프로그램 개발, 국내 교육 문제와 현실을 분석하고 대안을
탐구한다.

교육과정에는 교육학개론, 교직과 인성, 교육심리, 서양교육사,
교육철학, 평생교육론, 특수교육학개론, 교육사회학, 교육공학,
한국교육사, 교육제도 및 정책, 다문화교육론 등이 있는데
학교마다 다소 차이가 있다.

〈사범대학이 설치된 전국의 대학교〉

지역	대학교
서울	서울대학교, 고려대학교, 성균관대학교, 중앙대학교, 한국외국어대학교, 한양대학교, 동국대학교, 건국대학교, 홍익대학교, 이화여자대학교, 성신여자대학교, 상명대학교
인천	인하대학교, 인천대학교
경기	강남대학교, 성결대학교, 단국대학교
충남	공주대학교
충북	청주대학교, 서원대학교, 충북대학교
대전	한남대학교, 충남대학교, 목원대학교
강원	강원대학교, 가톨릭관동대학교
전북	원광대학교, 우석대학교, 전북대학교, 전주대학교
전남(광주)	순천대학교, 목포대학교, 전남대학교, 조선대학교
경북(대구)	안동대학교, 경북대학교, 계명대학교, 대구대학교, 대구가톨릭대학교, 영남대학교
경남	경상국립대학교, 경남대학교
부산	부산대학교, 신라대학교
제주	제주대학교

사범대학에 교육학과가 개설되어 있는 학교는 서울대, 고려대,
한양대, 홍익대, 동국대, 부산대, 경북대, 충북대, 조선대, 부산대
등이 있다.

〈국어교육과〉

국어교육과는 중·고등학교의 국어교육을 효과적으로 할 수
있는 인재를 양성하는 학과로, 국어학과 국문학 이론을 토대로
국어교육에 대한 전문적인 지식과 교육 방법을 연구한다.
국어교육과에서는 듣기, 말하기, 읽기, 쓰기, 국어지식과 문학을
교육시키고, 국어를 통한 바람직한 가치 형성의 교육을 실현하는
교육자를 양성하는 데 목표를 두고 있다.

교과내용으로는 교직과목을 비롯하여, 국어학개론,
국어교육론, 한자·한문교육론, 매체언어교육론, 독서교육론,
화법교육론, 작문교육론, 문학교육론, 국어과 교육과정 및
평가론, 국어교재연구 및 지도법, 국어사, 국어음운과 정서법,
학교문법론, 국어 어휘 및 의미 교육론, 국어통사교육론, 언어와
언어교육, 국문학 개론, 고전시가교육론, 한국현대소설론, 국문학
선독, 한국현대문학사, 소설작품지도론, 고전소설교육론,
현대시교육론, 시가작품지도론, 희곡·연희지도론, 문학비평론,
수필지도론, 현대시작품지도론 등이 있으며, 각 학교마다 차이가
있을 수 있다.

사범대학에 국어교육과가 개설되어 있는 학교는 서울대,
고려대, 한양대, 홍익대, 상명대, 원광대, 부산대, 경북대, 전주대,
강원대, 충남대 등이 있다.

〈영어교육과〉

영어교육과는 교육 현장에서 필요로 하는 다양하고 폭넓은 지식과 교육방법을 습득시켜 유능한 중등 영어교사를 양성하는 데 목적을 둔 학과이다. 영어 듣기, 말하기, 읽기, 쓰기 기능을 숙달시키고, 다양한 영어학과 영문학 교과목을 통해 영어와 영미문화에 대한 이해를 심화시켜, 창의적이고 유능한 영어교사가 되도록 가르친다. 교과과정에는 영어문법지도법, 영어작문, 영문해석지도, 영어독해지도, 영어회화, 영미문화, 영문학개론, 영어 교수. 학습 이론과 실제, 고급영어회화, 영희곡론 독해, 영소설 강독, 영어듣기지도 등이 있으며, 각 학교마다 차이가 있다.

사범대학에 영어교육과가 개설되어 있는 학교는 서울대, 고려대, 한양대, 건국대, 홍익대, 인하대, 조선대, 충북대, 강원대 등이 있다.

〈독어교육과〉

독어교육과는 훌륭한 독일어 교사를 양성하는 데 목적을 둔 학과로, 기본적으로 독일어 의사소통능력을 집중적으로 훈련시키고, 독일어 교육과 관련된 다양한 지식 탐구와 현장 실습을 진행한다. 또한 독일문학과 독어학 및 독일 지역학 등 다양한 학문을 통해 미래의 교사들에게 인문학적 교양과 독일에 대한 지역학적 안목을 키워주고자 교육한다. 교과과정에는 기초 독일이회화, 사상과 역사, 독일명작의 이해, 언어학과 독일어교육, 독일어어휘교육론, 독일소설교재연구, 실용독일어회화, 독일어권문화, 독일문학교육론, 독일연극과 영화교육, 독일어구문교육, 독일문예학개론, 독일어문체론, 독일어 교재연구 및 지도법, 독일어글쓰기교육 등이 있으며, 각 학교마다 차이가 있다.

사범대학에 독어교육과가 개설되어 있는 학교는 서울대, 경북대, 부산대, 전북대, 조선대 등이 있다.

〈불어교육과〉

불어교육과는 중등교육을 담당하는 프랑스어 교사를 양성하는 데 목적을 둔 학과로, 우수한 능력을 갖춘 프랑스어 교사를 배출하기 위해 기본적으로 프랑스어 의사소통능력을 훈련시키고, 프랑스 문화에 대한 이해와 인식이 깊어지도록 다양한 교육과정을 운영한다. 교육과정에는 프랑스어 문법, 프랑스어 지도, 프랑스어 작문, 프랑스어 읽기 지도, 프랑스어 강독, 프랑스어 회화, 프랑스어 교과교육론, 프랑스어 발음학습과 지도, 프랑스 문학개론, 프랑스어학개론, 프랑스어 교과 교재 및 연구법, 프랑스 사회와 교육, 프랑스어권 문화, 프랑스어 교과논리 및 논술, 프랑스 소설의 이해, 프랑스 언어 교육의 방법과 실제, 프랑스 문학교육 등이 있으며, 학교마다 다소 차이가 있다.

사범대학에 불어교육과가 개설되어 있는 학교는 서울대, 상명대, 부산대, 경북대(유럽어교육학부 불어교육전공) 등이 있다.

〈일어교육과〉

불어교육과는 중등교육을 담당하는 프랑스어 교사를 양성하는 데 목적을 둔 학과로, 기본적으로 일본어 듣기, 말하기, 읽기, 쓰기 등을 학습하고 활용할 수 있게 훈련하며, 일본어학, 일본문학, 일본문화 등 다양하고 심도 있는 지식을 습득하게 한다. 교육과정에는 일본어회화, 일본어한자, 일본어문법, 일본어강독, 일본어작문, 일본소설 강독, 일본문학개론, 일본어음성교육, 일본어표현지도, 일본문화, 일본어 교과 교재 및 연구법,

일본문학사, 일본어고전문법교육, 일본어번역연습,
일본고전문지도, 시사일본어교육 등이 있으며, 각 학교마다
차이가 있다.

사범대학에 일어교육과가 개설되어 있는 학교는 건국대,
상명대, 원광대, 경남대, 인천대 등이 있다.

〈사회교육과〉

사회교육과는 중등학교 사회 교사로서 알아야 할 정치, 경제,
사회, 문화 등 사회과학 분야 전반에 걸친 지식을 학습하고,
학습된 지식을 학교 교육 문제와 접목시켜 활용하는 훈련을 통해
바람직한 사회과 수업을 할 수 있도록 가르친다. 교과과정에는
일반사회교육론, 사회정치와 사회, 사회와 법률, 경제윤리와
경제교육, 시민경제교육과 시장경제, 사회와 철학, 정치교육론,
현실정치와 시민교육, 법교육연습, 경제교육연습,
사회문화교육연습, 시민교육과 민주주의, 사회과논술지도론 등이
있으며, 각 학교마다 차이가 있다.

사범대학에 사회교육과가 개설되어 있는 학교는 서울대,
강원대(일반사회교육학과), 인하대, 부산대, 충북대,
전북대(일반사회교육과) 등이 있다.

〈역사교육과〉

역사교육과는 중등학교에서 역사교육을 담당할 유능한 교사를
양성하는 데 목적을 둔 학과이다. 역사는 과거 생활의 기록인
동시에 우리의 현재 위치와 당면 과제가 무엇이며, 미래에 어떻게
전개될 것인지를 파악하는 데 도움을 주는 학문이다. 따라서
역사교육과에서는 장차 역사 교사로서 올바른 교육을 하기 위해
역사의 의미와 성격, 효율성, 연구 방법, 설명 방법, 역사의

과학성과 문학성, 역사관의 유형, 역사 연구의 경향 등을
연구하여 역사교육에 어떻게 적용할 것인가를 탐구한다. 또한
우리 역사에 대한 자긍심을 심어줄 수 있는 교사를 배출하기 위해
노력하고 있다. 교과과정에는 역사학 개론, 역사교육 자료탐구,
서양고전봉건시대사, 동아시아고중세사, 한국대외관계사,
서양근대역사, 한국전근대사, 한국문화사상사, 서양근현대사,
국사 교육론, 한국사회경제사, 한국근현대사, 역사교육론 등이
있으며, 각 학교마다 차이가 있다.

사범대학에 역사교육과가 개설되어 있는 학교는 서울대,
고려대, 동국대, 홍익대, 인천대, 공주대, 부산대, 경북대, 전남대,
원광대 등이 있다.

〈지리교육과〉

지리교육과는 중등학교에서 지리교육을 담당할 유능한 교사를
양성하는 데 목적을 둔 학과이다. 지리학의 기초학문 분야와 지리
교과교육학을 중심으로 한 체계적인 교육과정을 통해 지리학에
대한 전문 지식을 갖추고, 전공 관련 교양과목을 다양하게
이수하여 교사로서의 덕목을 갖추도록 한다. 또한 중등학교의
지리교과 내용을 분석하고 이해함으로써 학생들에게 보다
효과적으로 전달할 수 있는 방법과 기술을 습득한다.
교과과정으로는 한국지리, 세계지리, 기후환경론,
지리정보체계와 지리교육, 환경과 지리, 자연지리학, 인문지리학,
인구지리학개론, 문화역사지리학, 환경지리교육론, 관광지리,
지리교육과정론, 사회지리교육론, 토양 및 생태지리,
교통지리교육론, 유럽지역연구, 아프리카오세아니아지역연구,
아시아지역연구, 아메리카지역연구, 정치지리학개론, 공간분석과
지리교육 등이 있으며, 각 학교마다 차이가 있다.

사범대학에 지리교육과가 개설되어 있는 학교는 서울대,

동국대, 강원대, 부산대, 전남대, 충북대 등이 있다.

〈수학교육과〉

수학교육과는 실력 있고 준비된 중·고등학교 수학 교사 양성을 목적으로 하는 학과로, 수학 이론과 응용력을 겸비할 수 있도록 교육하고 있다. 수학교육과에서는 대수학, 해석학, 기하학, 위상수학, 통계, 응용수학 등 수학 전반에 관한 내용을 학습하고, 수학교육학, 수학교재연구 및 지도법, 컴퓨터와 수학교육 등 수학교육 전반에 관한 내용을 연구·실습하며, 학생들에게 산술적인 계산 문제뿐 아니라 수학적이고 논리적 사고를 가르친다.

교육과정에는 미적분학교육, 집합론교육, 수학교육워드프로세스활용법, 정수론, 수학교육프로그래밍, 선형대수학, 기하학일반, 미분방정식, 미분기하학, 수학사교육, 확률 및통계, 현대대수학, 수학교과 논리 및 논술, 교직수학 지도 등이 있는데 학교마다 다소 차이가 있다.

사범대학에 수학교육과가 개설되어 있는 학교는 서울대, 고려대, 한양대, 건국대, 성균관대, 전남대, 부산대 등이 있다.

〈물리교육과〉

물리교육과는 중등학교에서 과학교육을 담당할 유능한 교사를 양성하는 데 목적을 둔 학과로, 물리학 및 과학 전반에 대한 기초를 다진다. 물리학은 자연현상의 원리와 이치를 다루는 학문으로서, 자연과학을 비롯하여 공학, 의학, 사회과학 등 모든 학문의 바탕이 되는 매우 중요한 학문이다. 따라서 물리교육과에서는 교육자로서 필요한 소양과 전문적인 능력을 갖춘 우수한 중등교사를 양성하기 위해 노력하고 있다.

교과과정에는 물리수학, 물리실험 및 시범, 전자물리, 역학, 전자기학, 수리물리, 전산물리, 양자물리, 파동 및 광학, 현대물리학, 고교물리탐구 교재론, 고체물리학, 원자핵물리학, 물리학과 역사, 반도체물리학 등이 있으며, 각 학교마다 차이가 있다.

사범대학에 물리교육과가 개설되어 있는 학교는 서울대, 전남대, 조선대, 부산대, 공주대, 경북대, 대구대(과학교육학부 물리교육전공) 등이 있다.

〈화학교육과〉

화학교육과는 중등학교에서 과학교육을 담당할 유능한 교사를 양성하는 데 목적을 둔 학과로, 화학 및 과학 전반에 대한 지식을 갖추고 전문적인 교육법과 다양한 경험을 가진 능력 있는 교사를 양성하기 위해 다양한 교과과정을 실행하고 있다. 최신 화학 이론, 연구 및 실험, 과학교육학에 대한 교육을 제공함으로써 학생지도에 기본적으로 필요한 능력을 갖춘 과학교사 및 화학교사를 양성하는 데 힘쓰고 있다. 교과과정에는 유기화학, 물리화학, 분석화학, 유기화학실험, 무기화학, 화학교육연구, 화학교육론, 양자화학, 화학 논리 및 논술, 화학교육실험, 유기분광학, 화학연구 등이 있으며, 각 학교마다 차이가 있다.

사범대학에 화학교육과가 개설되어 있는 학교는 서울대, 전남대, 부산대, 충북대, 공주대, 조선대 등이 있다.

〈생물교육과〉

생물교육과는 중등학교에서 과학교육을 담당할 유능한 교사를 양성하고 나아가 생물학 및 생물교육학의 발전에 이바지할 우수한 인재를 기르는 데 목적을 둔 학과이다. 생물학은 물론이고

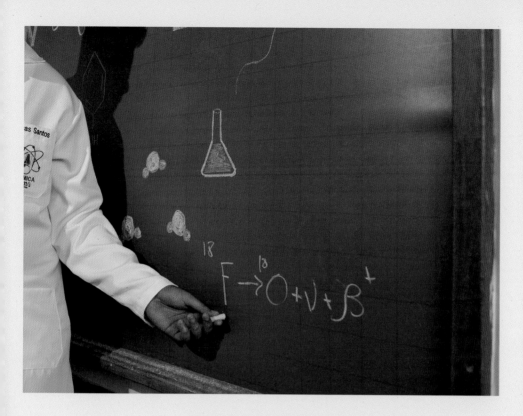

과학 전반에 걸친 광범위한 지식을 배워 생물(과학) 교사로서의
자질을 갖추기 위해 실제로 교육현장에서 바로 적용할 수 있는
실험과 실습을 중시한다. 교과과정에는 일반생물학 및 실험,
식물분류학 및 지도법, 동물분류학 및 지도법, 생태학교육,
생물과학실험 및 지도법, 세포생물학, 미생물학, 생물교육론,
식물생리학, 동물생리학, 유전학, 발생학, 분자생물학,
생물과학실험 및 지도법, 현대생물실험 및 지도법, 생명과학논리
및 논술, 현대생물학과 교육 등이 있으며, 각 학교마다 차이가
있다.

　사범대학에 생물교육과가 개설되어 있는 학교는 서울대,
전남대, 공주대, 부산대, 충북대, 조선대, 대구대(과학교육학부
생물교육전공) 등이 있다.

〈지구과학교육과〉
　지구과학교육과는 지구의 대기, 지질, 해양 및 천문 분야에
관한 깊고 폭넓은 지식을 갖춘 중등학교 지구과학 교사를

양성하는 데 목적을 둔 학과이다. 지구와 우주의 개발이 빠른
속도로 진행되고 있는 추세에 따라, 다양한 전공심화과목, 실험,
실습, 교과교육론 등으로 전문적인 지식과 경험을 갖춘 인재를
배출하는 데 힘쓰고 있다. 교과과정에는 지질학, 고체지구과학 및
실험, 고체지구물리학 및 실험, 천체지구과학 및 실험,
대기지구과학 및 실험, 해양지구과학 및 실험, 지구과학교육론,
환경지구과학, 지구과학교재 연구 및 지도법, 운석과 태양계,
지구과학논리논술, 지구과학실험 및 탐구지도, 과학철학 및
과학교육, 지구과학교육연구 등이 있으며, 각 학교마다 차이가
있다.

사범대학에 지구과학교육과가 개설되어 있는 학교는 서울대,
충북대, 경북대, 전남대, 조선대, 부산대 등이 있다.

〈체육교육과〉

체육교육과는 중등학교 체육 교사와 체육 전문인을 양성하는
데 목적을 둔 학과로, 체육의 이론과 실제에 관한 연구를 한다.
체육은 신체활동을 통해 건강을 유지하고 체력을 키우며,
자신감과 성취감을 맛보게 하는 등 신체발달과 인격형성에 큰
영향을 끼치는 중요한 형태의 교육이다. 따라서
체육교육과에서는 체육의 이론 및 실기교과들을 다양하게
제공함으로써, 체육 교사로서 갖추어야 할 전반적인 지식과 실기
능력을 함양하는 데 중점을 둔다. 교과과정에는 체육문화사,
체육교육입문, 안전교육론, 생활체육과 현장학습, 운동생리학,
운동심리학, 스포츠경기론, 평생체육과 야외활동, 운동처방,
건강교육론, 스포츠사회학, 체육교육연구법, 체육관리론,
생체역학, 운동학습이론, 체력육성법 등의 이론과 축구지도법,
태권도지도법, 수영지도법, 댄스스포츠지도법, 핸드볼지도법,
육상지도법, 체조지도법, 테니스지도법, 골프지도법, 농구지도법,

동계스포츠지도법, 배구지도법, 유도지도법, 레크리에이션지도법 등의 다양한 운동지도법 등이 있으며, 각 학교마다 차이가 있다.

사범대학에 체육교육과가 개설되어 있는 학교는 서울대, 고려대, 건국대, 동국대, 중앙대, 인천대, 전남대, 경북대, 충남대 등이 있다.

〈음악교육과〉

음악교육과는 전문성과 창의성을 갖춘 중등학교 음악 교사와 음악 전문가를 양성하는 데 목표를 둔 학과이다. 음악과 교육에 관련한 다양한 분야의 전문 지식 및 기능을 습득할 수 있도록 창의적인 교수방법과 체계적인 교과과정을 통해 교육 현장에서 유능한 교사가 되도록 교육한다. 교과과정에는 시창청음화성법, 음악개론, 음악교육론, 서양음악사, 합창합주, 국악개론, 국악가창 및 장구 반주법, 단소실기, 음악교재연구 및 지도법, 합창지도 및 지휘법, 컴퓨터음악, 멀티미디어 음악교육론, 관현악법, 피아노 반주법, 창의적 피아노교수법, 실내악, 음악논리 및 논술, 교직음악실습 등이 있으며, 각 학교마다 차이가 있다.

사범대학에 음악교육과가 개설되어 있는 학교는 건국대, 조선대, 경상대, 청주대, 목원대, 전남대 등이 있다.

〈미술교육과〉

미술교육과는 중등학교에서 미술교육을 담당할 유능한 교사를 양성하는 데 목적을 둔 학과이다. 미술의 실기와 이론 교육을 통하여 한국화, 서양화, 조소, 공예, 디자인 등 미술 전 분야의 전문 능력을 키우고, 미적 정서나 가치에 대한 판단력을 길러 유능하고 창의력 있는 교사가 되도록 훈련한다. 교육과정에는

문자디자인, 소묘, 입체구성, 전통공예교육론, 한국 전통공예,
드로잉, 미술교육 학원론, 미술의 감상과 비평, 입체조형,
컴퓨터그래픽, 타이포그래피, 한국미술교육론, 공예개론,
디자인지도법, 멀티미디어미술교육, 목공예, 목칠공예, 미술
감상법, 미술치료법, 서양미술사, 섬유공예, 시각디자인, 예술론,
예술사진학, 웹디자인, 인터넷미술교육론, 일러스트레이션,
환경도자교육론, 환경디자인, 공예지도법, 금속공예, 도자기공예,
미술과 교육론, 미술과 교재연구, 색채학, 미술교수법 등이
있으며, 각 학교마다 차이가 있다.
　　사범대학에 미술교육과가 개설되어 있는 학교는
한양대(응용미술교육학과), 경상대, 공주대, 목원대, 경남대 등이
있다.

〈윤리교육과〉

　　윤리교육과는 도덕교육에 대한 통합적 능력과 실천력을 갖춘
중등교사를 배출하는 데 목표를 둔 학과이다. 전통 윤리의 현대적
계승과 새로운 가치관의 정립 방향에 대한 탐구 능력 및
민주시민의 자질 육성을 위한 교육적 능력을 길러줌으로써
인격적·전문적·윤리적으로 우수한 예비 교사를 교육시킨다.
교육과정에는 윤리학개론, 전통윤리, 한국사회윤리와 도덕교육,
정치와 윤리, 논리학, 동양고전과 윤리, 철학개론,
정보윤리교육론, 통일교육론, 도덕·윤리교육론, 동양윤리사상,
서양윤리사상, 도덕윤리교과교육론, 사회윤리교육론, 윤리와
사상 교과교육론, 전통윤리 교과교육론, 민주주의론,
북한사회문화론, 한국 윤리교육론 등이 있으며, 각 학교마다
차이가 있다.
　　사범대학에 윤리교육과가 개설되어 있는 학교는 서울대,
성신여대, 강원대, 부산대, 전북대, 전남대, 충북대, 인천대 등이 있다.

〈한문교육과〉

한문교육과는 동양고전에 대한 이해를 바탕으로 교육적 능력을 겸비한 중등학교 한문 교사를 양성하는 데 목적을 둔 학과로, 한문교육 이론과 방법에 관한 기본 교과와 한문 문법 및 해석, 작문 등을 가르친다. 또한 우리나라와 중국의 문학, 역사 등에 관한 수업을 진행하며 서예도 가르친다. 교과과정으로는 한문학 개론, 중급 한문, 서예 지도법, 한문 문법 교육론, 한국 한문학사, 한문 소설, 한문학 비평론, 국문학사, 당송 고문, 한국 고전 개론, 한시론, 한국 사상사, 한자의 역사, 한문교육론, 한문교재 연구 및 지도법 등이 있으며, 각 학교마다 차이가 있다.

사범대학에 한문교육과가 개설되어 있는 학교는 성균관대, 단국대, 성신여대, 강원대, 전주대, 청주대 등이 있다.

〈가정교육과〉

가정교육과는 중등학교에서 가정교육을 담당할 교사를 비롯하여 가정학과와 관련된 다양한 분야에서 활동할 전문가 배출을 목적으로 하는 학과이다. 가정교육학은 인간과 가정을 중심으로 생활현상을 과학적으로 탐구하여 삶의 질적 향상을 추구하는 학문으로, 아동학, 가정관리학, 의류학, 식품학, 영양학, 주거학, 교과교육 분야를 아울러 생활역량을 키울 수 있는 폭넓은 학습을 한다. 교과과정으로는 기초영양학, 가계경제학, 아동발달심리, 가족학, 가정교육론, 아동가족상담 및 복지, 부모교육론, 가정생활과 문화 패션의 이해, 의복재료학, 의복환경과 관리, 의복구성실습, 서양복식문화사, 주거 및 실내디자인, 주거학, 한국조리, 조리과학, 영양교육, 식사요법, 외국조리 등이 있으며, 각 학교마다 차이가 있다.

사범대학에 가정교육과가 개설되어 있는 학교는 고려대, 동국대, 경남대, 중앙대, 강원대, 전남대, 원광대, 조선대, 경북대 등이 있다.

〈컴퓨터교육과〉

컴퓨터교육과는 중등학교에서 컴퓨터교육을 담당할 교사 양성을 목적으로 하는 학과로, 정보화 시대에 요구하는 정보기술 활용능력을 갖춘 인재를 배출하는 데 힘쓰고 있다. 컴퓨터 관련 전문지식의 교육은 물론, 컴퓨터교육과정과 설계 방법, 컴퓨터교육을 위한 각종 교수·학습 방법, 컴퓨터교육용 교재 연구 및 개발 방법, 컴퓨터교육 평가 방법 등에 관하여 교육한다. 교과과정으로는 프로그래밍, 컴퓨터개론, 인터넷과 컴퓨터교육, 자료구조, 프로그래밍, 멀티미디어, 논리회로, 정보컴퓨터교과교육론, 컴퓨터구조, 운영체제, 데이터베이스, 프로그래밍언어론, 컴퓨터수학, 정보컴퓨터교과교수법, 컴퓨터네트워크, 소프트웨어개발, 웹프로그래밍, 마이크로프로세서, 소프트웨어공학, 교육용소프트웨어제작 등이 있으며, 각 학교마다 차이가 있다.

사범대학에 컴퓨터교육과가 개설되어 있는 학교는 고려대, 성균관대, 공주대, 순천대, 우석대 등이 있다.

스팀교육

최근 STEAM(스팀)교육이 화두가 되고 있다. 스팀(STEAM)교육은 무엇일까? '스팀(STEAM)'은 과학(Science), 기술(Technology), 공학(Engineering), 수학(Mathematics)의 약자로 미국에서 사용하는 "STEM"에 예술(Art)가 추가되어 만들어진 용어이다. 융합인재교육이라고도 하는 스팀교육은 교과간의 장벽을 허문 '통합'을 말한다. 다시 말해서 수학, 국어, 과학, 음악 등의 개별 교과목을 따로 따로 공부하는 것이 아니라 과학과 수학을 공학, 기술 등의 실생활과 연계하거나 감성적 접근을 위하여 예술과 접목하는 교육 방법이다. 지난 20년간 경제패러다임이 포스트산업경제에서 정보경제, 디지털경제에서 창조경제로 변화되면서 무엇보다 "창의력"이 강조되고 있기 때문이라고 볼 수 있겠다. 창조경제 시대의 가장 중요한 특징은 지식, 기술, 학문 간의 융합인데 21세기 창조 경제시대에 대응하기 위해서는 창의적 융합인재 양성이 필수이다. 때문에 각 시·도의 교육청에서는 STEAM 기초과정 교사직무 연수를 열어 창의력과 상상력이 풍부한 융합형 과학·기술 인재를 양성하기 위해 교사들의 실천 역량을 강화시키고 있다.

〈종합대학교 사범대학의 학과 설치 현황〉

학교	설치학과
서울대학교	교육학과, 독어교육과, 윤리교육과, 국어교육과, 생물교육과, 수학교육과, 사회교육과, 영어교육과, 지구과학교육과, 역사교육과, 물리교육과, 불어교육과, 지리교육과, 화학교육과, 체육교육과
고려대학교	교육학과, 국어교육과, 수학교육과, 영어교육과, 지리교육과, 역사교육과, 가정교육과, 체육교육과
건국대학교	교육공학과, 수학교육과, 영어교육과, 일어교육과, 음악교육과, 체육교육과
동국대학교	교육학과, 국어교육과, 수학교육과, 지리교육과, 역사교육과, 체육교육과, 가정교육과
상명대학교	교육학과, 국어교육과, 영어교육과, 수학교육과
성균관대학교	교육학과, 수학교육과, 한문교육과, 컴퓨터교육과
성신여자대학교	교육학과, 유아교육과, 윤리교육과, 한문교육과, 사회교육과
이화여자대학교	교육학과, 교육공학과, 국어교육과, 영어교육과, 수학교육과, 사회과교육과, 과학교육과, 유아교육과, 초등교육과, 특수교육과
중앙대학교	교육학과, 영어교육과, 유아교육과, 체육교육과
한국외국어대학교	한국어교육과, 영어교육과, 프랑스어교육과, 독일어교육과, 중국어교육과
한양대학교	교육학과, 교육공학과, 국어교육과, 영어교육과, 수학교육과, 응용미술교육과
홍익대학교	교육학과, 국어교육과, 영어교육과, 수학교육과, 역사교육과
인천대학교	국어교육과, 영어교육과, 수학교육과, 역사교육과, 윤리교육과, 유아교육과, 일어교육과, 체육교육과
강남대학교	교육학과, 유아교육과, 초등특수교육과, 중등특수교육과
단국대학교	수학교육과, 한문교육과, 과학교육과, 체육교육과, 특수교육과, 교직교육과
성결대학교	유아교육과, 체육교육과
인하대학교	교육학과, 국어교육과, 영어교육과, 수학교육과, 사회교육과, 체육교육과
공주대학교	교육학과, 국어교육과, 영어교육과, 수학교육과, 한문교육과, 윤리교육과, 일반사회교육과, 지리교육과, 역사교육과, 문헌정보교육과, 물리교육과, 화학교육과, 생물교육과, 지구과학교육과, 환경교육과, 컴퓨터교육과, 상업정보교육과, 기술가정교육과, 유아교육과, 특수교육과, 미술교육과, 음악교육과, 체육교육과

학교	설치학과
충남대학교	교육학과, 국어교육과, 영어교육과, 수학교육과, 기계재료공학교육과, 건설공학교육과, 전기전자통신교육과, 화학공학교육과, 체육교육과, 기술교육과
충북대학교	교육학과, 국어교육과, 영어교육과, 수학교육과, 윤리교육과, 역사교육과, 지리교육과, 사회교육과, 지구과학교육과, 생물교육과, 물리교육과, 화학교육과, 체육교육과
목원대학교	국어교육과, 영어교육과, 수학교육과, 유아교육과, 음악교육과, 미술교육과
서원대학교	교육학과, 국어교육과, 영어교육과, 수학교육과, 윤리교육과, 사회교육과, 역사교육과, 지리교육과, 생물교육과, 유아교육과, 체육교육과, 음악교육과
청주대학교	국어교육과, 수학교육과
한남대학교	교육학과, 국어교육과, 영어교육과, 수학교육과, 미술교육과, 역사교육과
경상국립대학교	교육학과, 국어교육과, 영어교육과, 수학교육과, 윤리교육과, 일반사회교육과, 일어교육과, 역사교육과, 지리교육과, 물리교육과, 화학교육과, 생물교육과, 유아교육과, 음악교육과, 미술교육과, 체육교육과
부산대학교	교육학과, 국어교육과, 영어교육과, 수학교육과, 불어교육과, 독어교육과, 유아교육과, 특수교육과, 일반사회교육과, 윤리교육과, 역사교육과, 지리교육과, 물리교육과, 화학교육과, 생물교육과, 지구과힉교육과, 체육교육과
경남대학교	교육학과, 국어교육과, 영어교육과, 수학교육과, 일어교육과, 가정교육과, 과학교육과, 유아교육과, 미술교육과, 음악교육과, 체육교육과
신라대학교	교육학과, 국어교육과, 영어교육과, 수학교육과, 일어교육과, 유아교육과, 역사교육과, 컴퓨터교육과
경북대학교	교육학과, 국어교육과, 영어교육과, 수학교육과, 윤리교육과, 유럽어교육학부(독어, 불어), 사회교육(일반사회, 역사, 지리), 과학교육(물리, 화학, 생물, 지구과학), 가정교육과, 체육교육과
안동대학교	교육공학과, 국어교육과, 영어교육과, 수학교육과, 윤리교육과, 기계교육과, 컴퓨터교육과, 전자공학교육과
계명대학교	교육학과, 영어교육과, 유아교육과, 한문교육과, 국어교육과
대구대학교	국어교육과, 영어교육과, 수학교육과, 역사교육과, 지리교육과, 일반사회교육과, 유아교육과, 특수교육과, 유아특수교육과, 초등특수교육과, 과학교육학부(물리, 화학, 생물, 지구과학)

학교	설치학과
대구가톨릭대학교	교육학과, 국어교육과, 영어교육과, 수학교육과, 역사교육과, 지리교육과, 유아교육과, 체육교육과
영남대학교	교육학과, 국어교육과, 영어교육과, 수학교육과, 한문교육과, 유아교육과, 특수체육교육과
목포대학교	교육학과, 영어교육과, 수학교육과, 환경교육과, 윤리교육과
순천대학교	국어교육과, 영어교육과, 수학교육과, 사회교육과, 농업교육과, 물리교육과, 화학교육과, 환경교육과, 컴퓨터교육과
전남대학교	교육학과, 국어교육과, 영어교육과, 수학교육과, 윤리교육과, 역사교육과, 지리교육과, 물리교육과, 화학교육과, 생물교육과, 지구과학교육과, 유아교육과, 가정교육과, 음악교육과, 체육교육과, 특수교육학부(여수)
전북대학교	교육학과, 국어교육과, 영어교육과, 수학교육과, 윤리교육과, 역사교육과, 지리교육과, 일반사회교육과, 독어교육과, 과학교육학부(물리, 화학, 생물, 지구과학), 체육교육과
우석대학교	국어교육과, 영어교육과, 수학교육과, 특수교육과, 유아특수교육과, 역사교육과
원광대학교	교육학과, 국어교육과, 영어교육과 수학교육과, 한문교육과, 일어교육과, 역사교육과, 유아교육과, 가정교육과, 체육교육과, 중등특수교육과
전주대학교	국어교육과, 영어교육과, 수학교육과, 한문교육과, 과학교육과, 가정교육과, 중등특수교육과, 교육학과
조선대학교	교육학과, 국어교육과, 수학교육과, 영어교육과, 물리교육과, 화학교육과, 생물교육과, 지구과학교육과, 특수교육과, 음악교육과
강원대학교	교육학과, 국어교육과, 영어교육과, 수학교육과, 한문교육과, 윤리교육과, 역사교육과, 일반사회교육과, 지리교육과, 과학교육학부(물리교육전공, 화학교육전공, 생물교육전공, 지구과학교육전공), 가정교육과, 체육교육과
가톨릭관동대학교	국어교육과, 영어교육과, 수학교육과, 역사교육과, 지리교육과, 컴퓨터교육과, 체육교육과
제주대학교	국어교육과, 영어교육과, 수학교육과, 윤리교육과, 사회교육과(지리, 일반사회), 과학교육과(물리, 생물), 컴퓨터교육과, 체육교육과

일반대학교 교육학과

일반대학의 사범대학 이외에도 일반대학의 교육학과를 졸업하면 중·고등학교 교사가 될 수 있다. 교육학과 졸업생은 사범대 졸업생과 같은 대우를 받으며, 학과에 따라 중등학교 2급 정교사 자격증, 특수학교 2급 정교사 자격증, 유치원 2급 정교사 자격증을 취득할 수 있다. 수업연한은 4년이며, 배우는 내용은 사범대학과 대체적으로 같다. 학과는 교육학과, 수학교육학과, 영어교육학과, 국어교육학과, 역사교육학과, 윤리교육학과, 가정교육학과, 체육교육학과, 컴퓨터교육학과, 유아교육학과, 특수교육학과, 교육심리학과, 환경교육학과, 미술교육학과, 음악교육학과, 특수체육교육학과 등이 있으며 연세대, 국민대, 숙명여대, 세종대 등 여러 대학에서 관련 학과를 설치 운영하고 있다.

훌륭한 교사의 경제적 가치는?

하버드대학 교수이자 경제학자인 라즈 체티는 뛰어난 교사는 32만 5000달러의 경제적 가치가 있다고 추정했다. 경험 많고 훌륭한 교사를 '고부가가치 교사(high value added teacher)'라 하여 그 교사 밑에서 배운 학생들의 미래 소득 증가 효과를 현재 가치로 환산해 합한 금액이다.

교사 자질이 학생의 인생에 어떤 영향을 미치는지에 대한 라즈 체티의 연구에 따르면 좋은 교사는 학생의 대학 진학률은 물론 장래 소득까지 높이고 1년간 좋은 교사를 만나는 건 한 학생의 평생소득을 8만 달러 늘리는 효과가 있다고 했다. 반 전체로 따지면 어마어마한 가치이기 때문에 정부가 교사의 질을 높이는데 투자해야 한다고 말한다. 또한 라즈 체티는 현재의 저소득층이 미래의 중산층이 되려면 경험 많고 우수한 교사들이 저소득층을 가르쳐야 한다는 주장을 펼치고 있다.

일반대학교 교직 이수

일반대학에서 사범대학이나 교육학과가 아닌 다른 전공을 하더라도 교직으로 진출할 수 있는 방법이 있는데, 이것을 '교직과정'이라고 한다. 단 모든 학과에 교직과정이 개설되어 있는 것은 아니며, 교직과정이 개설된 학과라도 모두 교직과정을 이수할 수 있는 것은 아니다. 교직과정은 각 학교와 학과마다 차이가 있지만 보통 학과 정원의 10% 이내만 신청할 수 있는 제한이 있다. 이 과정을 이수하면 졸업 후 유치원, 특수학교, 중등학교에서 근무할 수 있는 2급 정교사 또는 2급 교사 자격증을 주는데, 단 보건교사와 영양교사는 교직과정을 마친 뒤 전공 분야의 자격증이나 면허증을 필요로 하기도 한다.

교직과정에서는 교사가 되기 위해 필요한 이론 및 기술을 습득하는 교육과정을 거친다. 교과과정은 교직에 관한 이론이 대부분으로 교육학개론, 교육철학, 교육사, 교육심리, 교육공학, 교육사회, 교과교육론, 교재 연구 및 지도법 등을 배운다. 교직 이론을 습득한 뒤에는 참관 및 실무 실습을 한다. 이러한 교육학 과목을 배우며 장차 교육 현장에서의 교육활동에 기본이 되는 소양과 지식을 갖추게 된다.

교직과정을 이수하면 유치원 정교사, 중등학교 정교사, 특수학교(초등, 중등) 정교사, 보건교사, 사서교사, 전문상담교사, 영양교사 2급 자격증을 딸 수 있다. 또한 유치원 및 중등학교 정교사, 보건교사, 사서교사, 전문상담교사 등은 호봉이 8호봉부터 시작되며, 사범대학 졸업생이 9호봉으로 시작하는 것에 비해 1단계 낮은 호봉을 받는다.

전문대학의 교직과정

2년제 혹은 3년제로 운영되는 전문대학을 졸업하고도 교사 자격증을 받아 교사가 될 수 있는데, 바로 유치원교사, 보건교사, 실기교사의 경우가 그러하다.

■ 유치원 교사 : 전문대학 유아교육과를 전공하면 4년제 대학 유아교육과 졸업생과 똑같이 유치원 2급 정교사 자격증이 주어진다. 호봉에서 2년제는 2단계, 3년제는 1단계 낮은 호봉을 적용받는다.

■ 보건교사 : 전문대학 간호학과 3년 과정을 졸업하고 국가시험에 합격하면 간호사 면허증과 2급 보건교사 자격증을 받을 수 있다. 호봉은 4년제 졸업자보다 1단계 낮게 적용된다.

■ 실기교사 : 전문대학 실기교사 관련학과에서 교육학개론과 실기교육방법론을 공부하면 실기교사 자격증이 주어진다.

선생님이 될 수 있는 여섯 가지 큰길과 한 가지 오솔길

〈여섯 가지 큰길〉

1.교육대학 진학

– 초등학교 선생님이 되고 싶은 경우

2.사범대학 진학

– 중학교나 고등학교 또는 특수학교 선생님이 되고 싶은 경우

3.교원대학 진학

– 초등학교나 중학교나 고등학교 선생님이 되고 싶은 경우

4.일반대학 교육과 계열 진학

– 유치원, 중·고등학교 또는 특수학교 선생님이 되고 싶은 경우

5.일반대학 교직과정 공부

– 유치원, 중학교, 고등학교, 특수학교, 보건, 사서, 전문상담, 영양 선생님이 되고 싶은 경우

6.전문대학 유아보육과 및 간호과 진학

– 유치원 선생님이나 보건 선생님이 되고 싶은 경우

〈한 가지 오솔길〉

일반대학 졸업 후 교육대학원이나 교육부 장관이 지정하는 대학원의 교육과 계열에 진학

– 유치원, 초등학교, 중·고등학교, 특수학교, 보건, 사서, 전문상담, 영양교사 중 하나가 되고 싶은 경우

중·고등학교 교사 근무

교육부 통계에 따르면 2020년 기준, 우리나라는 전국에
3,223개의 중학교와 2,326개의 고등학교가 있다. 이 중 중학교는
약 20%가, 고등학교는 약 40%가 사립학교이다. 중등학교도
사립과 공립의 교사 업무는 크게 다를 것이 없으며, 교육내용
또한 평준화 정책에 따라 특목고나 자사고를 제외하고는 사립과
공립의 큰 차이가 없다. 하지만 그 밖의 것들에서 차이가 난다.
먼저 근무지에 대해 비교해보자. 공립학교 교사는 5년마다 다른
학교로 옮겨가야 하는 반면, 사립학교 교사는 특별한 문제가 있지
않는 이상 한 곳에서 계속 머물며 일한다. 교원 채용 방식에서도
차이가 있는데, 공립학교는 임용시험에 합격하면 교육청에서
근무할 학교를 정해 발령을 내려주지만, 사립학교는 각 학교의
규정에 따라 선발·채용한다. 사립학교의 교사 채용 계획은
교육청 채용공고란에서 확인할 수 있다. 보통 7월, 12월, 1월경에
공고가 집중되는데, 그 이유는 교원의 정년이 8월 말과 2월 말로
나뉘어 있기 때문이다. 채용공고를 낸 학교는 1개월 이상의
공고기간을 거쳐야 하며, 각 학교별로 시험을 치르는 경우가
대부분이고 최근에는 채용 비리를 없애기 위해 교육청에 시험을
위탁하는 경우도 있다.

교사가 되려면 꼭 해야 하는 현장실습 : 교생실습·교육봉사

교사가 되기 위해 준비하는 학생들이라면 누구나 거쳐야 하는 현장실습이 있다. 가장 대표적인 것이 바로 교생실습이다. 교생실습은 사범대학, 교육대학, 또는 일반대학에서 교직과정을 이수한 학생들이 그동안 배운 지식을 학교 현장에서 실제 경험을 통해 익히고 연습하는 교육과정으로, 4~8주가량 이루어진다. 정해진 기간 동안 교사의 실무에 종사하며 관찰, 참가, 실습의 단계를 통하여 학습지도와 생활지도, 학급경영 등 실제적인 업무를 파악하고 교직생활과 교사로서의 능력을 기르는 기회가 된다. 현재 교원자격증을 취득하기 위해서는 최소 4주간의 교생실습을 받아야 하며, 보통 4~5월에 가장 많이 이루어진다.

교생실습 외에도 꼭 해야 하는 것이 있는데, 바로 교육봉사다. 교육봉사는 대학생이 가진 지식을 유치원, 초·중등학교에서 교육외 목적으로 봉사하는 것을 말하는데, 기존이 교생실습을 보강한 개념으로 지난 2009년 신설된 과목이다. 교생실습이 4주라는 짧은 시간으로 운영되면서 예비 교원들이 학교 현장을 이해할 수 있는 기회가 부족하다는 지적에 따라 생긴 것으로, 2009년 입학생부터 교원자격증을 취득하려는 학생들은 총 60시간의 봉사 시간을 채워야 한다. 각 대학교에 교육봉사계획서를 제출하고 승인이 되면 교육봉사활동 실습일지를 받아 봉사기간 동안 활동을 적어야 하며 교육봉사활동 확인서와 함께 제출해야 인정받는다. 학교에서 봉사를 하더라도 급식봉사나 사서정리 등의 활동은 인정받지 못한다.

유치원, 초·중등학교의 교원 상황 통계

2020년 교육기본통계에 따르면 유치원, 초·중등학교의 전체 교원 수
는 496,817명으로 2014년 대비 8,454명(1.7%) 증가했다. 세부적으
로 살펴보면 유치원은 53,651명으로 5,121명(9.5%↑), 초등학교는
189,286명으로 6,614명(3.6%↑) 증가했고, 중학교는 111,894명으
로 1,455명(1.3%↓), 고등학교는 134,488명으로 2,384명(1.8%↓)
감소하였으며 기타 학교는 9,882명으로 558명(5.9%↑)이 증가했다.

〈2020년 유치원, 초·중등학교 교원 수〉

구분	유치원	초등학교	중학교	고등학교
국공립	19,109명	187,530명	94,153명	81,408명
사립	34,542명	1,756명	17,741명	50,696명
계	53,651명	189,286명	111,894명	132,104명

교원 1인당 학생 수는 유치원 11.4명, 초등학교 14.2명, 중학교 11.8
명, 고등학교 10.1명으로, 유치원은 90년 이후, 초·중·고등학교는 80
년 이후 꾸준히 감소하는 경향을 보이고 있다.

석·박사 학위 이상 학력을 보유한 교원 수는 매년 증가하고 있어 교
원의 전문성 신장 측면에서 긍정적으로 평가되는데, 전체 교원의
32.5%(155,635명)가 석사 학위 이상 소지자로서 전년대비 0.2% 늘
어났다.

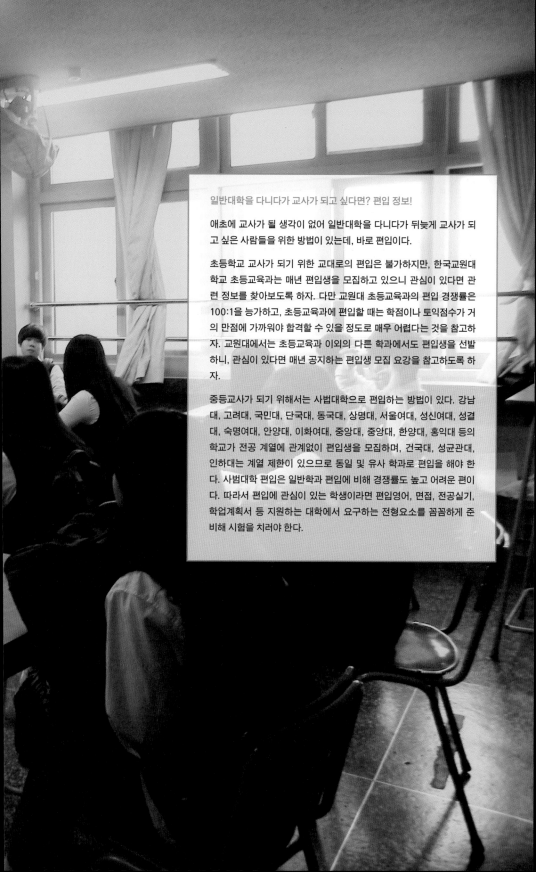

일반대학을 다니다가 교사가 되고 싶다면? 편입 정보!

애초에 교사가 될 생각이 없어 일반대학을 다니다가 뒤늦게 교사가 되고 싶은 사람들을 위한 방법이 있는데, 바로 편입이다.

초등학교 교사가 되기 위한 교대로의 편입은 불가하지만, 한국교원대학교 초등교육과는 매년 편입생을 모집하고 있으니 관심이 있다면 관련 정보를 찾아보도록 하자. 다만 교원대 초등교육과의 편입 경쟁률은 100:1을 능가하고, 초등교육과에 편입할 때는 학점이나 토익점수가 거의 만점에 가까워야 합격할 수 있을 정도로 매우 어렵다는 것을 참고하자. 교원대에서는 초등교육과 이외의 다른 학과에서도 편입생을 선발하니, 관심이 있다면 매년 공지하는 편입생 모집 요강을 참고하도록 하자.

중등교사가 되기 위해서는 사범대학으로 편입하는 방법이 있다. 강남대, 고려대, 국민대, 단국대, 동국대, 상명대, 서울여대, 성신여대, 성결대, 숙명여대, 안양대, 이화여대, 중앙대, 중앙대, 한양대, 홍익대 등의 학교가 전공 계열에 관계없이 편입생을 모집하며, 건국대, 성균관대, 인하대는 계열 제한이 있으므로 동일 및 유사 학과로 편입을 해야 한다. 사범대학 편입은 일반학과 편입에 비해 경쟁률도 높고 어려운 편이다. 따라서 편입에 관심이 있는 학생이라면 편입영어, 면접, 전공실기, 학업계획서 등 지원하는 대학에서 요구하는 전형요소를 꼼꼼하게 준비해 시험을 치러야 한다.

한국교원대학교

한국교원대학교는 국내 유일의 종합교원양성대학으로, 교육대학교나 사범대학과는 달리 유치원, 초·중등학교 교사를 통합 양성하며, 유치원, 초·중등학교 구분 없이 복수 전공이 가능하다. 학부에는 총 24개의 학과가 개설되어 있으며, 관심만 있다면 복수전공을 통해 모두 경험할 수 있는 장점이 있다. 또한 교원양성기관으로서 뿐만 아니라 교원교육과 학교교육에 관한 연구결과를 보급하는 체계적이고 종합적이며 실험적인 통합교육기관의 성격을 가지고 재교육, 연구 기능도 하고 있다.

한국교원대학교는 장학금제도가 잘 되어 있는 편이며, 입학금과 수업료 전액이 면제되고, 1·2학년 학생들에게는 식비를 포함한 기숙사 비용이 전액 무료이며, 국내 국공립 대학 중 등록금이 가장 저렴해 학비 부담이 덜한 국립 특수목적대학이다.

〈개설 학부〉

■ 제1대학 – 교육학과, 유아교육과, 초등교육과 등 3개 학과

■ 제2대학 – 국어교육과, 영어교육과, 독어교육과, 불어교육과, 중국어교육과, 윤리교육과, 일반사회교육과, 지리교육과, 역사교육과 등 9개 학과

■ 제3대학 – 수학교육과, 물리교육과, 화학교육과, 생물교육과, 지구과학교육과, 가정교육과, 컴퓨터교육과, 기술교육과, 환경교육과 등 9개 학과

■ 제4대학 – 음악교육과, 미술교육과, 체육교육과 등 3개 학과

〈개설 대학원〉

일반대학원, 교육대학원, 교육정책전문대학원 등 3개

04 특수교사

특수교육과 특수학교

앞서 이야기했듯이 특수교사는 신체적·정신적 장애를 가진
학생을 대상으로 특수교육을 하는 교사를 말한다. 특수교육의
정의를 살펴보자면, 특수교육법 제2조 제1항에
"특수교육대상자(시각장애, 청각장애, 정신지체, 지체장애, 정서 및
행동장애, 자폐성장애, 의사소통장애, 학습장애, 건강장애, 발달지체, 그
밖에 대통령령으로 정하는 장애에 해낭하는 사람)의 교육직 요구를
충족시키기 위하여 특성에 적합한 교육과정 및 특수교육 관련
서비스 제공을 통해 이루어지는 교육을 말한다."고 되어 있다.
특수교육은 일반 학교에 개설된 특수학급과 별도의
특수학교에서 이루어지며, 특수학급은 일반 초등학교와 중학교에
학교당 1-2개씩 개설되어 운영되는 편이다.

특수학급은 사립학교보다 공립학교에 많이 설치되어 있는데
'전국 초·중·고 특수학급 설치 현황' 자료에 따르면, 장애학생이
배치된 전국 초·중·고 사립학교 중 특수학급이 설치된 학교
비율은 17.5%에 불과했다. 그래도 국공립학교는 80.1%로 양호한
편이나, 사립학교는 초등학교 26.7%, 중학교 19%, 고등학교
16%로 상급학교로 갈수록 특수학급 설치 비율이 떨어졌는데, 그
원인은 상급학교로 갈수록 입시에 초점을 맞춘 교육을 실시하고
있기 때문이다.

일반 학교의 특수학급 외에도 별도의 특수학교에서도
특수교육이 이루어진다. 특수학교란 장애인의 교육을 위하여
일반학교와 분리된 형태로 설립된 교육시설로, 교육대상자의
수준에 따라 유치원, 초등학교, 중등학교의 과정을 교육하고
있으며, 장애의 종류에 따라 학교가 분리되기도 한다. 유치원,
초등학교, 중학교 및 고등학교 과정의 교육은 의무교육이며,
전공과와 만 3세 미만의 장애영아교육은 무상교육이다.

최근 출산율 감소로 일반 학생 수는 줄어드는 반면 환경적,
사회적, 생물학적 요인 때문에 특수교육 대상 학생은 오히려 그
수가 증가하는 추세라 특수교사의 수요는 더 많아지는 실정이다.
2020년 기준, 우리나라 특수교육 대상 학생 수는 95,420명으로,
2014년보다 8,142명이 증가했다. 이 중 약 70% 이상인
68,805명이 일반 학급과 일반 학교의 특수학급에 배치되어
비장애 학생들과 함께 통합교육을 받고 있으며, 182개의
특수학교에서 26,299명의 특수교육 대상 학생이 특수교육을
받고 있다.

특수교사가 되는 법

특수교사가 되기 위해서는 기본적으로 사범대학이나 일반대학의 특수교육과를 졸업해야 한다. 또는 특수교육 관련학과를 다니면서 교직과정을 이수하거나, 특수교육과에 학사편입을 하는 방법도 있으며, 유치원·초등학교·중등학교 2급 정교사 자격증이 있는 사람에 한하여 대학원에서 특수교육을 전공하고 석사 학위를 취득하는 방법도 있다. 그러면 특수교사로서 일할 수 있는 특수학교 2급 정교사 자격증을 취득하게 된다.

하지만 특수학교 2급 정교사 자격증만으로는 국공립 특수학교에서 일할 수 없으므로, 필요에 따라 교원임용시험에 응시해 합격해야 한다.

특수교사의 임용시험은 앞서 이야기했듯이 각 시·도 교육청별로 실시하고, 교육감이 주관하며, 모집인원은 매년 다르다. 시험 일정은 대체적으로 매년 10~12월에 걸쳐 이루어지며, 초등 특수교사는 일반 초등교사 임용 시기에, 중등 특수교사는 일반 중등교사 임용 시기에 함께 치르며, 시험 내용은 차이가 있다. 1차 시험은 초등 특수교사는 교직(논술)과 교육과정(서답형)을, 중등 특수교사는 교육학(논술)과 전공(서답형)을 치르며, 영어과 교사는 듣기시험을 포함한다. 2차 시험은 초등·중등 특수교사 모두 수업실연과 심층면접으로 이루어진다.

〈특수교육과가 개설된 전국의 대학교〉

구분	학교
특수교육과	단국대, 이화여대, 가야대, 가톨릭대, 공주대, 극동대, 나사렛대, 백석대, 대구대, 세한대, 순천향대, 창원대, 우석대, 부산대, 부산장신대, 인제대, 조선대
특수체육교육과	한국체대, 용인대, 중부대, 영남대, 경주대, 한국국제대
유아특수교육과	서울교대, 나사렛대, 백석대, 우석대, 대구대, 여수대, 전안대, 선남대, 중부내, 한국교통대, 한국국제대,
초등특수교육과	강남대, 유원대, 극동대, 중부대, 건양대, 남부대, 광주여대, 대구대, 위덕대, 진주국제대, 전남대, 한국국제대
중등특수교육과	강남대, 건양대, 나사렛대, 대구한의대, 대전대, 원광대, 유원대, 전주대, 중부대, 극동대, 위덕대, 전남대

전문상담교사

　전문상담교사가 되기 위해서는 기본적으로 일반대학의
상담·심리학과 등 전문상담교사 양성과 관련된 학과에서
교직과정을 이수해야 한다. 또는 대학원에서 관련 석사 학위를
취득하거나, 2급 이상의 교사 자격증이 있는 사람에 한해
대학원에서 소정의 전문상담교사 양성과정을 이수하면
전문상담교사 2급 자격증을 취득할 수 있다. 또한 전분상담교사
2급 자격증을 가지고 3년 이상의 교육경력을 갖춘 후 자격연수를
받거나, 2급 이상의 교사 자격증을 가진 사람이 3년 이상의
교육경력을 갖춘 후 교육대학원 또는 교육부 장관이 지정한
대학원에서 전문상담교사 양성 과정을 이수하면 1급 자격증을
취득할 수 있다.

전문상담교사 자격증을 취득하면 전국의 초·중·고등학교,
지역교육청 상담실에서 근무하게 되는데, 국공립학교에서 교사로
근무하려면 별도로 교원임용시험에 응시해 합격해야 한다.
임용시험의 모집인원은 매년 다르며, 전국의 시·도 교육청에서
같은 날짜에 실시하는데 대체적으로 10~12월 중등교사
채용시험과 같이 실시된다. 1차 시험은 교육학(논술)과
전공(서답형) 시험이며, 2차 시험은 심층면접으로 이루어진다.
전문상담교사 자격증 취득이 가능한 전국의 대학원은 다음과
같다.

〈전문상담교사 양성 대학원〉

구분	대학원	전공	자격증
국립	강원대학교	학교상담	전문상담교사 2급
	경북대학교	상담심리전공	전문상담교사 2급
	부산대학교	학교상담전공	전문상담교사 2급
	서울대학교	교육상담전공	전문상담교사 2급
	전남대학교	상담심리전공	전문상담교사 2급
	제주대학교	상담심리전공	중등학교 정교사 2급 상담
	창원대학교	상담심리전공	전문상담교사 2급
	충남대학교	상담심리전공	전문상담교사 2급
사립	경남대학교	상담심리	전문상담교사 2급
	경성대학교	상담심리전공	전문상담교사 2급
	고려대학교	상담심리교육전공	전문상담교사 2급
	국민대학교	상담심리전공	전문상담교사 2급
	단국대학교	상담심리	전문상담교사 2급

구분	대학원	전공	자격증
사립	대구카톨릭대학교	상담심리전공	전문상담교사 2급
	대구대학교	상담심리	전문상담교사 2급
	동국대학교	상담심리전공	전문상담교사 2급
	서강대학교	상담심리전공	전문상담교사 2급
	수원대학교	상담교육	전문상담교사 2급
	신라대학교	상담심리전공	전문상담교사 2급
	아주대학교	상담심리	전문상담교사 2급
	연세대학교	상담교육전공	전문상담교사 2급
	영남대학교	상담심리	전문상담교사 2급
	우석대학교	상담심리	전문상담교사 2급
	이화여자대학교	상담심리	전문상담교사 2급 중등학교 정교사 2급 상담
	인제대학교	교육학(상담심리)	전문상담교사 2급
	인하대학교	상담심리	전문상담교사 2급
	한국외국어대학교	상담심리전공	전문상담교사 2급
	한양대학교	상담심리전공	전문상담교사 2급

사서교사

사서교사가 되기 위해서는 일반대학 또는 사범대학의 문헌정보학과나 도서관학과에서 교직과정을 이수해 사서교사 2급 자격증을 취득해야 한다. 2급 자격증을 가지고 3년 이상 사서교사로 활동한 후 자격연수를 받거나, 교육대학원 또는 교육부 장관이 지정한 대학원 교육과에서 사서교육 과정을 이수하고 석사학위를 받은 사람이 1년 이상 사서교사 경력을 갖추면 1급 자격증을 취득할 수 있다.

사범대학에 문헌정보학과가 있는 학교는 공주대학교이며 그 밖에는 건국대, 경기대, 동덕여대, 덕성여대, 대구대, 명지대, 성균관대, 상명대, 연세대, 중앙대, 숙명여대, 전주대, 한성대, 경북대, 부산대, 충남대, 전북대, 전남대 등의 문헌정보학과에서 교직과정을 이수하거나, 대구가톨릭대학교의 도서관학과에서 교직과정을 이수해야 자격증을 취득할 수 있다. 하지만 앞서 열거한 문헌정보학과나 도서관학과에 입학한다고 해서 모두 교직과정을 이수할 수 있는 것은 아니며, 보통 학과 정원의 10% 이내만 이수할 수 있다는 것을 명심하도록 하자.

문헌정보학과나 도서관학과를 졸업했지만 사서교사 자격증을 취득하지 못한 경우에는 교육대학원에서 사서교육이나 문헌정보교육을 전공해 자격증을 취득하는 방법도 있다. 사서교육 전공이 있는 교육대학원에는 명지대, 상명대, 연세대, 경기대, 대진대, 전북대, 부산대가 있으며, 문헌정보교육 전공이 있는 교육대학원에는 공주대가 있다.

사서교사도 다른 교사와 마찬가지로 교원임용시험을 실시하며, 일정은 중등교사와 같다. 1차 시험은 교육학(논술)과 전공(서답형) 시험이며, 2차 시험은 심층면접으로 치러진다.

실기교사

　실기교사가 되려면 전문대학 이상 졸업자가 실기교사
자격검정에 합격하여 교육부 장관이 수여하는 자격증을 받아야
한다. 공업계, 상업계, 농업계, 수산·해운계, 가사·실업계,
예·체능계의 실기교사는 국가기술자격 종목이 있는 과목의
경우에 해당 종목의 기능사 2급 이상 자격을 가지고 있어야 하며,
실업교사 자격증을 취득하면 주로 실업계고등학교에서 해당
학과의 기능을 지도할 수 있다. 단, 국공립학교에서 실기교사로
근무하기 위해서는 실기교사 자격증을 취득한 후 별도로
교원임용시험에 합격해야 한다.

〈실기교사 자격증의 종류〉

계열구분	자격증 종류
공업계열	자동차, 기계, 항공, 조선, 철도운전, 철도업무, 건축, 토목, 공예, 주조, 용접, 금속, 전기공사, 통신, 섬유, 전기, 전자, 전자계산기, 인쇄, 도자기, 요업, 제어계측, 열처리, 환경공업 등
상업계열	속기, 부기, 타자, 전자계산, 상업계산 등
농업계열	축산, 수의, 식품가공, 잠업, 원예, 임업, 조경 등
수산·해운계열	어업, 기관, 항해, 수산양식 등
가사·실업계열	보육, 소리, 실내디자인, 수예, 한제, 양제 등
예·체능계열	미술, 디자인, 사진, 음악, 체육 등
기타	치료교육, 사서, 미용, 이용 등

영양교사

　영양교사가 되려면 일반대학의 식품영양학과나 관련 학과에
진학해 교직과정을 이수한 후, 국가고시를 보아 영양사 면허증을
취득해야 한다. 그러면 졸업 후 영양교사 2급 자격증을 취득할 수
있는데, 이 자격증을 가지고 3년 이상 영양교사로 일한 경력을
갖춘 후 자격연수를 받으면 영양교사 1급 자격증을 취득할 수
있다.

　영양교사 2급 자격증을 취득하면 전국의 초·중등학교,
특수학교, 외국인학교 등에서 영양교사로 일할 수 있는데,
국공립학교에서 근무하려면 매년 각 시·도에서 실시하는
영양교사 임용시험에 응시해 합격해야만 한다. 임용시험의
일정과 형식은 앞서 이야기한 전문상담교사와 같다. 교직과정은
학과 정원의 일부만 이수할 수 있으니, 관심이 있다면 해당
학교의 구체적인 정보를 찾아보도록 하자.

　일반대학의 식품영양학과나 관련 학과를 졸업했으나 영양교사
자격증을 취득하지 못했다면, 자격증을 취득할 수 있는
교육대학원에서 영양교육과정을 공부하면 되는데, 학사과정에서
미리 교육학 관련 과목을 공부해 놓으면 유리하다. 영양사
자격증을 취득할 수 있는 교육대학원으로는 강릉대, 경북대,
경주대, 공주대, 목포대, 군산대, 전남대, 전북대, 순천대, 제주대,
충남대, 충북대, 건국대, 경기대, 경희대, 경남대, 국민대, 경원대,
덕성여대, 동신, 동아대, 명지대, 서울여대, 성신여대, 단국대,
숙명여대, 인하대, 연세대, 조선대, 한양대 등이 있다.

보건교사

　보건교사가 되려면 3년제 대학이나 4년제 대학의 간호학과에
진학해 교직과정을 이수한 후, 국가고시를 보아 간호사 면허증을
취득해야 한다. 그러면 졸업 후 보건교사 2급 자격증을 취득할 수
있는데, 이 자격증을 가지고 3년 이상 보건교사로 일한 경력을
갖춘 후 자격연수를 받으면 보건교사 1급 자격증을 취득할 수
있다.

　보건교사 자격증을 취득하면 전국의 초·중·고등학교 등에서
근무하게 되는데, 국공립학교에서 근무하려면 별도로
교원임용시험에 응시해 합격해야 한다. 임용시험의 일정과
형식은 앞서 이야기한 전문상담교사와 같다. 교직과정은
학교마다 차이가 있으나 보통 학과 정원의 10% 이내만 이수할 수
있다는 것을 참고하자.

〈간호학과가 개설된 전국의 4년제 대학〉

구분	대학교
국립대	강릉원주대, 강원대, 경북대, 경상대, 공주대, 군산대, 목포대, 부경대, 부산대, 서울대, 순천대, 전남대, 전북대, 제주대, 창원대, 충남대, 충북대, 한국교통대
사립대	가야대, 가천대, 가톨릭대, 건국대, 건양대, 경남대, 경동대, 경성대, 경운대, 경일대, 경주대, 경희대, 계명대, 고려대, 고신대, 가톨릭관동대, 광주대, 광주여대, 극동대, 김천대, 꽃동네대, 나사렛대, 남부대, 남서울대, 단국대, 대구가톨릭대, 대구대, 대구한의대, 대전대, 대진대, 동국대, 동명대, 동서대, 동신대, 동아대, 동양대, 동의대, 목포가톨릭대, 배재대, 백석대, 부산가톨릭대, 삼육대, 상명대, 상지대, 서남대, 선문대, 성신여대, 세명대, 세한대, 송원대, 수원대, 순천향대, 신경대, 신라대, 신한대, 아주대, 안동대, 연세대, 영산대, 예수대, 우석대, 우송대, 울산대, 유원대, 원광대, 위덕대, 을지대, 이화여대, 인제대, 인하대, 전주대, 조선대, 중부대, 중앙대, 중원대, 차의과학대, 창신대, 청운대, 청주대, 초당대, 평택대, 한국국제대, 한국성서대, 한남대, 한려대, 한림대, 한서대, 한세대, 한양대, 한일장신대, 호남대, 호서대

방과후교사 / 기간제교사

　방과후교사란 초·중·고등학교에서 정규수업이 끝난 후 이루어지는 수업을 운영하는 교사로, 방과후수업 시간에는 수학, 과학, 영어 등 교과목과 관련된 것부터 축구, 농구, 연극, 요리, 마술 등 다양한 수업을 한다. 이처럼 다양한 내용을 가르치기 때문에 방과후교사가 되려면 자신의 적성에 따라 과목을 선택해 공부하고 방과후교사 양성학원 등의 인증기관에서 자격증을 취득하면 된다. 기본적으로 고등학교 졸업자라면 누구나 응시가 가능하지만, 대학에서 해당 과목의 관련 학과를 전공한 사람을 우대하고 있다.

　기간제교사는 학교 측과의 계약을 통해 일정한 기간 동안만 일하는 교사를 말하는데, 기본적으로 2급 정교사 자격증을 가지고 있어야 한다. 기간제교사 모집 관련 정보는 각 시·도 교육청 홈페이지를 통해 확인할 수 있으며, 응시하고 싶은 학교가 있다면 해당 학교에서 요구하는 관련 서류를 접수하면 된다. 서류에서 통과된 이에 한해 필기시험, 시강 및 면접 등의 절차를 거쳐 최종 임용된다. 기간제교사 채용 공고는 보통 여름방학이나 겨울방학에 많이 이루어지는 편이나, 학기 중에도 계속 채용 공고가 올라오기 때문에 관심이 있다면 주기적으로 각 시·도 교육청의 홈페이지를 살펴보도록 하자. 근무기간이 특정되어 있다는 것을 제외하고는 기간제교사도 정규교사와 마찬가지로 1년에 한 번씩 호봉이 승급되며 성과상여금도 받고, 연가나 병가 등도 필요에 따라 쓸 수 있다.

대학을 졸업하고 더 공부하기 위하여 다니는 학교를
대학원이라고 하는데, 여기에는 기초 학문을 연구하는
일반대학원과 의사나 변호사 같은 전문가를 양성하는
전문대학원, 현재 일을 하고 있는 사람들의 훈련을 위한
특수대학원이 있다.

교육대학원은 바로 이러한 특수대학원의 일종으로 유치원,
초등학교, 중학교 및 고등학교 선생님들의 보다 깊이 있는 교육
연구 활동을 위한 대학원이다. 모든 대학원은 졸업할 때
석사학위를 준다. 석사학위는 대학을 졸업할 때 받는
학사학위보다 등급이 한 단계 높다.

최근에는 교육대학원을 법조인 양성을 위한 로스쿨처럼

교사를 양성하기 위한 전문대학원으로 발전시키려는 움직임이
있다.

입학자격은 4년제 대학을 졸업한 사람에 한하며, 수업연한은
4학기부터 6학기까지 교육대학원마다 다르다.

교사 자격증이 필요 없는 사람은 대학에서 배운 학과와 다른
전공에 입학할 수 있지만, 교사 자격증을 얻기 위해 교육대학원에
들어가는 사람은 대학에서 배운 학과와 관련 있는 전공에
입학해야 한다. 또한 전공과목 학점과 교직과목 학점을 일정 수준
이상으로 취득해야 한다. 따라서 교육대학원에 지원하기 전에
자기가 대학에서 공부한 전공과 교육대학원에서 공부하려는
전공이 서로 관련 있는지를 반드시 알아봐야 한다.

그것은 교육대학원을 졸업하고 석사학위를 받기 위해서는
정해진 전공 학점을 이수해야 하는데 교사 자격증을 따기
위해서는 교직과목을 전공과목 대신 이수해야 하기 때문이다.
그렇지 않으면 대학원 졸업 학점을 취득할 수 없다. 전공이
같으면 교육대학원에서 들어야 하는 같은 수업을 면제해 주고 그
대신 교직과목을 공부하면 졸업도 하고 교사 자격증도 받을 수
있다.

또한 대학에서 교직과목을 이수했다면 이 역시 대학원에서
면제받을 수 있어 교사 자격증을 받기가 쉽다. 만일 대학에 다닐
때 교직과목이나 교육학 관련 과목을 공부하지 않았다면
교육대학원에 지원하기 전에 가고 싶은 교육대학원과 반드시
교직과목 공부에 대하여 미리 상의하는 것이 좋다. 또한 교육학
관련 과목을 공부했을지라도 그 과목이 원하는 교사 자격증을
얻는 데 도움이 되는지 아닌지도 대학원에 미리 물어 봐야 한다.

수업 내용 및 졸업 특전

교육대학원에서의 수업은 교직과목, 전공과목, 교육실습(자격증 과정만), 학위논문 이렇게 4가지로 나뉜다.

교직과목이나 전공과목 중 대학에서 같은 과목을 공부한 경우에는 교육대학원에서 그 과목의 수업을 받은 것으로 인정하여 면제해 주기도 한다. 면제해 줄지 아닌지는 해당 교육대학원에 물어 봐야 한다. 교사 자격증을 받기 위해서는 반드시 면제가 필요한 경우가 있다. 면제되지 않으면 교사 자격증을 받는 데 필요한 점수를 모두 채울 수 없는 경우가 생길 수도 있기 때문이다. 따라서 교사 자격증을 받기 위해 교육대학원에 입학할 경우에는 대학에서 공부한 학과와 동일 학과(전공)에 지원하는 것이 유리하다. 또한 대학에서 교직 관련 과목을 미리 공부해 놓는 것이 좋다.

교직과목 점수를 모두 채우고 교육 실습을 마치면 전공한 과목의 중등학교 정교사(2급)나 사서교사(2급), 보건교사(2급), 전문상담교사(2급), 영양교사(2급) 자격증을 준다.

중등학교 정교사(2급) 자격증이 있는 사람이 교육대학원 관련 학과를 졸업하고 1년 이상 선생님을 할 경우에는 별도의 시험이나 재교육 없이 중등학교 1급 정교사 자격증을 받을 수 있다.

2급 교사 자격증이 있는 사람이 교육대학원 관련 전공을 졸업하면 1급 교사 자격증을 받을 때 별도의 교육이나 연수를 받지 않아도 된다.

서울대학교 대학원 교육과 계열, 한국교원대학교 대학원 교육과 계열

서울대학교는 교육대학원이 없기 때문에 일반대학원에 교육 관련 학과가 개설되어 있는 반면, 한국교원대학교는 현직 교사만을 대상으로 하는 교육대학원과 그렇지 않은 일반대학원을 모두 가지고 있다.

Part Four

Reference

학교와 교육청

교육부와 교육청

현재 대한민국에는 학교교육을 담당하는 기관으로 크게
교육부와 교육청이 있다. 먼저 교육부는 인적자원 개발정책과
학교교육, 평생교육, 학술에 관한 사무를 관장하는
중앙행정기관이다. 주요 업무로는 교육에 관한 발전계획 수립,
교육제도 및 입학제도 개선, 공교육 정상화 시행,
지방교육자치제도 정책 수립과 개선, 인재개발 기획 등을 비롯한
학교교육과 평생교육, 인적자원 개발정책 및 학술에 관한 일을
주관하는 것 등이 있다.

교육부는 1948년 문화교육부로 신설된 이래 개칭과 개편 등의
과정을 거쳐 2013년 지금의 교육부로 체제를 갖추었다. 소속
기관은 국사편찬위원회, 국립특수교육원, 중앙교육연수원,

교원소청심사위원회, 국립국제교육원, 대한민국학술원이 있다.
교육부를 대표하는 교육부 장관은 국무위원 중에서 대통령이
임명하며, 국무총리가 임명제청권과 해임건의권을 행사하고,
국회는 임명 전에 인사청문회를 실시해야 하며 해임건의권을
행사할 수 있다.

　교육부가 교육을 담당하는 중앙행정기관이라면 지방교육
행정기관으로는 교육청이 있다. 교육청은 특별시, 광역 시·도
단위 및 1개 또는 2개 이상의 시·군 및 자치구에 각각 두는
기관으로 교육의 전문성과 지방교육의 특수성을 살리기 위하여
설치되었다. 주요업무는 교육법에 규정된 지방자치단체의 교육에
관한 사무를 교육감의 감독 아래 관장하는 것이며, 전국에
서울특별시교육청, 부산광역시교육청, 대구광역시교육청,
인천광역시교육청, 광주광역시교육청, 대전광역시교육청,
울산광역시교육청, 세종특별자치시교육청, 경기도교육청,
강원도교육청, 충청북도교육청, 충청남도교육청,
전라북도교육청, 전라남도교육청, 경상북도교육청,
경상남도교육청, 제주특별자치도교육청 17개가 있다.

　교육청의 수장인 교육감은 광역자치단체(총 17개)의 교육에
관한 사무를 총괄하는 직위를 말한다. 주요 업무로는 해당 지역의
교육과 관련된 조례안 작성, 예산안 편성, 결산서 작성, 교육규칙
제정, 학교 기타 교육기관의 설치·이전 및 폐지, 교육과정의 운영,
과학·기술 교육의 진흥, 학교체육·보건 및 학교 환경정화, 기금의
설치·운용, 소속 국가공무원 및 지방공무원의 인사 관리 등이
있다. 교육감은 교육의원들의 동의에 따라 자체적으로 예산을
편성할 수 있고, 교육세를 징수하여 교육사정 개선에 쓸 수
있으며, 대통령이나 국회의원은 교육감의 정책에 대해 간섭할
권한이 제한되어 있다. 교육감의 자격은 덕망과 학식이 높은
사람으로, 교육경력이나 교육행정경력이 5년 이상이어야 하며,
후보자 등록 신청 개시일부터 과거 1년 동안 비정당인이어야

한다. 교육감의 임기는 4년이며, 최대 3차례까지 중임할 수 있다.

교육부와 교육청에서 정한 교육정책이 학교로 전해지면서 교사들에 의해서 학생들에게 전달되는 방식이다.

공교육과 사교육

■ 공교육 : 국가와 지방자치단체가 운영하는 교육. 학교와 같은 교육 기관을 운영하며 국가 차원의 교육과정을 확립하여 관리한다.

■ 사교육 : 개인이나 단체의 영리를 목적으로 하는 개인교습과 학원의 수업. 예전에는 부유층과 권력층의 특권이라 할 수 있었으나 대중들에게 교육이 보급된 후로는 본격적인 학원교육체제가 시작되었다. 어학, 기술, 자격증 등을 위한 학원뿐 아니라 대학 입학 시험을 목적으로 하는 입시학원이 운영되기도 한다.

　교육청의 교육정책이 각 학교에서 잘 실시되고 있는지는 어떻게 알고 관리할 수 있을까? 이를 위해 각 지역의 학교들을 관장하는 교육청에는 '장학사'라는 직업이 있다. 장학사는 학교를 주기적으로 방문해 교과과정, 교육방법, 장비 및 기타 사안 등을 살펴본 뒤 교사들에게 조언과 지도를 하는 일을 한다. 즉 학교의 각종 교육활동에 대해 감독하는 역할을 한다고 생각하면 된다.

　장학사가 되기 위해서는 대학에서 교육 관련 학과를 전공하는 것이 유리하다. 교육공무원법에는 장학사의 자격 요건을, 사범대학이나 교육대학을 졸업한 사람은 5년 이상의 교육 경력이나 2년 이상의 교육 경력을 포함한 5년 이상의 교육행정 또는 교육연구 경력이 있어야 하고, 비전공자의 경우는 9년 이상의 교육 경력이나 2년 이상의 교육 경력을 포함한 9년 이상의 교육행정 또는 교육연구 경력이 요구된다고 명시하고 있다. 교사나 교감이 장학사가 되기 위해서는 학교장(사립의 경우 이사장)의 추천을 받은 후 공개시험에 응시해야 한다.

〈장학사 선발 방법〉

단계	시험내용
1차	서류전형 + 필기시험(교사의 경우)
2차	직무수행능력평가 + 면접

※ 단 시험 응시자가 교감이 아닌 일반 교사인 경우 필기시험이 추가된다.

교육행정공무원

학교에는 교사 외에도 다양한 역할을 하는 교직원이 있다. 대표적으로 교육행정공무원을 꼽을 수 있는데, 이들은 학교 행정실에서 근무하며, 학교 시설 관리나 교직원의 급여 관리, 학교 예산 회계·관리·편성·집행, 교직원의 임용·퇴직·휴직 등 인사 관리, 재학증명서나 생활기록부 등 각종 증명서 발급, 각종 장부의 기록과 관리 등 다양한 업무를 한다.

교육행정공무원은 시험을 통해 선발되는데, 만 18세 이상으로 학력과 경력에 제한이 없으며, 행정안전부에서 주관하는 국가직은 4월에, 각 시·도 교육청에서 주관하는 지방직 5월에 시험이 실시된다. 국가직 교육행정공무원은 교육부나 교육부 산하기관, 국립대학 등에서 일하게 되며, 지방직 교육행정공무원은 초·중·고등학교와 지역교육청 등에서 일하게 된다. 국가직과 지방직은 소속에 차이가 있을 뿐 처우나 혜택 등 다른 조건에는 차이가 없다.

교육행정이란?

교육에 관련된 조직에서 효과적인 교육목표 달성을 위해 필요한 인적, 물적 요소를 조직하고 관리하는 제반 지원활동을 교육행정이라고 한다. 학교 행정실의 사소한 업무부터 교육부, 교육청을 비롯한 교육기관에서 법령과 교육제도에 관한 중대한 업무까지 모두 교육행정이라 할 수 있다. 교육행정의 주체는 국가와 지방자치단체이며 교육행정의 민주화와 지방분권화 경향에 따라 폭넓게 지방자치단체에 이양되고 있다. 교육행정기관으로는 중앙기관인 교육부가 있고, 지방자치단체의 기관으로 특별시·광역시·도 교육위원회 및 시·군·구의 교육청이 있다.

〈교육행정직공무원 시험 과목〉

구분	7급	9급
과목	국어(한문포함), 영어, 한국사, 헌법, 행정법, 행정학, 공직선거법	필수과목(3개)+선택과목(2개)=총 5과목 ■ 필수과목 : 국어, 한국사, 영어 ■ 선택과목 : 사회, 수학, 과학, 행정학개론, 관세법개론, 회계원리 중 택2
과목수	7개	5개

교수도 교사처럼 학생을 가르치는 직업이다. 교사가 유치원, 초등·중등학교에서 학생을 가르치는 사람이라면, 교수는 대학교, 전문대학과 같은 고등교육 기관에서 학생을 가르치는 사람이다. 교수는 교사에 비해 상대적으로 자신이 전공하는 전문분야에 대한 꾸준한 연구가 필요하다. 따라서 '연구년'이라 하여 1년간 강의를 쉬고 교수 본인이 하고 싶은 특정한 공부나 연구를 하거나 프로젝트를 진행할 수 있도록 제도로 보장해주고 있다.

교수의 종류에는 정교수, 부교수, 조교수, 전임강사 등이 있는데, 모두 똑같이 교수로 불리긴 하지만 자격 조건과 대우에는 많은 차이가 있다. 먼저 정교수는 가장 높은 등급의 교수로, 일반적으로 테뉴어(Tenure)라고 불리는 '종신재직권'을 가지고 있으며, 정년이 65세이다. 대학 내에서 여러 가지 직책을 맡고 있다. 부교수는 두 번째로 높은 등급의 교수로, 보통 5~6년 단위로 계약을 한다. 부교수 중에는 간혹 재계약 없이 정년까지 근무하는 경우도 있다. 조교수는 전임강사를 2년 이상 한 경력이 있어야 하며, 4년마다 재계약을 해야 한다.

마지막으로 전임강사는 보통 교수로 처음 임명될 때 적용되는
급수이며 2년마다 재계약을 해야 한다.

　교수가 되기 위해서는 대학졸업 후 최소한 4년간의 연구경력과
6년간의 교육경력을 가져야 하며, 전문대학 교수가 되기
위해서는 최소한 3년간의 연구경력과 4년간의 교육경력을
가져야 한다. 교수의 임명은 국립대학의 경우 대학 인사위원회의
동의를 얻어 총장의 제청으로 교육부 장관을 거쳐 대통령이
임명하며, 사립대학의 경우 총학장의 제청으로 이사회의 의결을
거쳐 임명되며 교육부 장관에게 보고하는 형식을 따른다.

　대학교수는 담당 과목의 강의계획표에 따라 강의 준비를 하며,
강의 내용을 토대로 시험문제를 출제하고, 채점 후 성적을
학생들의 출결사항과 함께 행정부서에 제출해야 한다. 그리고
학문 연구와 관련된 모든 활동뿐만 아니라, 학생들을
상담해주거나 동아리 지도를 하는 등 다양한 업무를 하게 된다.

　대학교수는 교수평가제를 통해 교수 능력을 평가받는다.
교수평가제는 교수의 교육과 연구활동에 대한 공정하고
객관적인 평가기준을 마련하고 합리적인 승진 및 재임용 또는
정년보장 임용의 근거자료를 제공하기 위하여 각 대학에서
실시하는데, 교육과 연구의 2개 영역을 기본으로 하며 대학에
따라 사회봉사 영역을 추가하기도 한다. 교수평가제의 결과는
정년보장심사, 재임용, 직위승진, 호봉승급, 연봉결정 등의
근거가 된다. 대학교수의 채용은 채용공고를 낸 후 서류심사를
하고 해당학과의 심사 후 단과대 인사위원회에서 심의를 한다.
여기서 통과되면 모집인원의 2배수 정도로 추려 학과장이
추천하고 신규임용심사위원회의 심의를 거쳐서 선발되면 총장이
임용하는 절차를 거친다.

전임교수

정규직 교수로 명칭은 통일되어 있지만 자격 조건과 대우는 대학마다 조금씩 다르다.

- 정교수 : 교수 등급에서 제일 높은 급으로 보통 65세까지 근무할 수 있으며, 대학 내의 여러 가지 직책을 맡는다. 정교수가 되기 위해서는 부교수를 보통 5~6년 이상 해야 한다.

- 부교수 : 교수 등급에서 두 번째 높은 등급으로 보통 5~6년 단위로 계약을 한다. 기간이 끝나면 다시 계약해야 한다. 간혹 재계약 없이 정년까지 근무할 수 있는 부교수도 있다. 부교수도 대학 내의 여러 가지 직책을 맡는다. 부교수가 되기 위해서는 보통 조교수를 4년 이상 해야 한다.

- 조교수 : 4년마다 다시 계약을 해야 한다. 조교수가 되기 위해서는 전임강사를 2년 이상 해야 한다.

- 전임강사 : 2년마다 다시 계약을 해야 한다. 보통 처음 교수가 될 때 임용되는 급수이다.

연구전담교수

전임교수 중에 연구전담교수가 있는데, 이러한 교수들은 수업을 하지 않고 오로지 연구만 하며 나중에 연구 보고서를 제출해야 한다. 보통 전임강사는 한 학기, 조교수 이상은 1년 동안 연구전담교수를 할 수 있다.

비전임교수

특수한 목적으로 채용하는 비정규직 교수로, 보통 2~3년의
계약 기간이 끝나면 교수직에서 물러난다. 단, 특별한 경우에는
계약을 한 번 더 연장할 수 있다. 그리고 명칭은 대학마다 조금씩
다른데, 대체로 다음과 같은 비정규직 교수들이 있다.

■ 겸임교수 : 다른 직업을 가지고 있는 사람 중에서 특별히
필요한 부분의 강의를 맡기기 위해 뽑는다(예 : 시청의 복지담당
공무원을 하면서 대학에서 복지 실무에 대해 강의함). 보통 2년
단위로 계약하는데, 특별한 경우 한 번 더 연장할 수 있다.

■ 초빙교수 : 국가기관, 연구기관, 공공단체 또는 산업체 등에
근무하거나, 또는 외국인 중에서 학기 또는 학년 단위로
계약하여 강의하는 교수로 보통 3년 이상 할 수 없다.

■ 석좌교수 : 훌륭한 연구 실적이나 사회 활동으로 국내 또는
국제적으로 명성이 있는 사람 중에서 임용한다.

■ 명예교수 : 교수로 있다가 정년퇴직한 사람 중에서 학교의
발전에 큰 보탬이 된 사람을 명예교수로 임용한다. 강의를 맡을
경우, 강사료만 받는다.

■ 강의 전담 교수 : 2~3과목의 강의를 맡아서 수업만 하는
비정규직 교수로 보통 2년 계약을 하며, 특별한 경우에 한 번
더 연장할 수 있다. 월급 대신 시간강사처럼 수업 시간 수에
따른 강사료만 받는다.

■ 시간강사 : 대학 학과의 과목을 맡아 강의하는 비정규직
교수로 보통 학기별로 계약을 하며, 시간 수에 따른 강사료를
받는다.

조교

교수의 강의나 연구를 도
와주며 학과의 사무를 처
리하는 직원으로 보통 1년
단위로 계약을 한다. 대학
원 석사과정 학생 중에서
선발하기도 한다.

대학교수의 자격

■ 법률적으로는 대학 이상 졸업하면 되지만 현실적으로는
대학원 박사 이상의 학위가 있어야 한다.

■ 훌륭한 연구 실적이 있어야 한다. 예를 들면 책(전공 분야와
관계 있는 학술 전문 서적)을 쓴다든지, 국내 또는 외국의 전문
학술지(월간 · 계간 · 연간)에 논문을 발표한 적이 있어야 한다.
대학원을 졸업할 때 쓰는 박사학위 졸업논문 역시 연구 실적이
될 수 있다.

교수가 되는 길

1.전공 선택
대학에서 여러 과목을 공부하면서 앞으로 자기가 관심을 갖고
계속 연구할 전문 분야를 선택한다.

2.대학원 석사과정 진학
석사과정에서 자기의 전문 분야를 좀 더 깊이 있게 공부한다.
대학원을 다니면서 대학 학과의 조교를 맡아 학교 일을 익힌다.

3.지도교수 선택
자신의 전문적인 학업을 지도·조언해 줄 교수를 찾아
상의한다.

4.대학원 박사과정 진학
자신의 전문 분야를 정하여 깊이 있는 연구를 하며 전문적인
학술 발표회 등에 참석한다. 대학원 재학 중 시간강사를 맡아
수업 경력을 쌓는다. 시간강사가 되기 위해서는 먼저 지도교수와
상의해야 한다.

5.교수 채용 전형에 응모
지도교수와 진로에 대하여 상의한 뒤 교수 공개 채용에
지원한다.
- 지원자의 학력과 경력 및 학술 업적 등을 참고로 하여
  합격자를 뽑는다.
- 대학원 박사과정을 마치고 연구기관에 취직하여 연구
  활동을 하다가 교수 채용에 지원할 수도 있다. 이 경우에는
  연구 활동 기간과 실적에 따라 조교수 이상으로 채용될 수도
  있다.

6.전임강사

처음 교수로 채용되면 전임강사 직급부터 시작한다. 이후 열심히 연구하고 학생들을 잘 가르치면 조교수, 부교수 및 정교수로 승진할 수 있다.

대학교수 채용 절차

채용 공고 → 서류심사 → 부서(학과) 심사(해당 과에서 심사) → 단과대 인사위원회 심의 → 학장 추천(모집 인원의 2배수) → 신규임용심사위원회 심의 → 총장 임용

※ 국내에서 대학원을 졸업하지 않고 외국에서 대학원 과정을 공부하여 박사학위를 받을 수도 있다. 이런 경우 국내로 돌아와서 대학에 취직하려면 먼저 한국학술진흥재단에 자기가 받은 박사학위를 등록해야 한다. 외국에서 오랫동안 연구 활동을 했을 경우에는 조교수 이상의 직급으로 채용될 수 있다.

행복한 직업 찾기
나의 직업 선생님

초판 1쇄 인쇄 2013년 11월 8일

개정판 1쇄 인쇄 2021년 9월 3일
개정판 1쇄 발행 2021년 9월 10일

글 | 꿈디자인LAB
펴 낸 곳 | 동천출판
사   진 | 명문고등학교, 수리초등학교, Pixabay.

등   록 | 2013년 4월 9일 제319-2013-25호
주   소 | 서울특별시 서초구 효령로 60길 15(서초동, 202호)
전화번호 | (02) 588 - 8485
팩   스 | (02) 583 - 8480
전자우편 | dongcheon35@naver.com

값 18,000원
ISBN   979-11-85488-60-8 (44370)
          979-11-85488-05-9 (세트)